Mühl Forum Europäische Urbanistik

Jahrbuch 2000

★ MÜHL
Product & Service

Mit freundlicher Unterstützung der Mühl Product & Service AG,
Kranichfeld.

Mühl Forum Europäische Urbanistik
Jahrbuch 2000

Herausgegeben von:
Prof. Wolfgang Christ
Prof. Dr. phil. habil. Dieter Hassenpflug

© Bauhaus-Universität Weimar,
Universitätsverlag, 2001

Redaktion: Dipl.-Ing. Martin Fladt
Gestaltung: Esther Engelmann
Druck: Gutenberg Druckerei Weimar

ISBN: 3-86068-161-3

Dipl.-Ing. Klaus Teichert,
Architekt,
Mühl Product & Service AG

Grußwort zum Mühl Forum Europäische Urbanistik 2000

Mit der Durchführung des *Mühl Forums* im November 2000 ist ein erfolgreicher Auftakt für den Studiengang *Europäische Urbanistik* gelungen. Nach der schwierigen Vorbereitungszeit zur Einrichtung dieses postgradualen Studiengangs zeigen nun die vorgestellten Arbeiten bereits einen soliden Hintergrund. Sicherlich war die notwendige Abwicklung der Raumplanung alter Schule noch von größerer Anteilnahme geprägt als dieser viel versprechende Neubeginn; ich bin aber sicher, dies wird sich ändern.

Der Bauhaus-Universität Weimar und ihrer Leitung ist für den Mut zu danken, in Zeiten eines allgemeinen Strukturwandels, der sich im gesamten Bauwesen mit dramatischen Folgen vollzieht, einen neuen Studiengang gerade auf dem Gebiet der Urbanistik einzurichten – war doch das Jahr 2000, zumindest in der ersten Hälfte, von einer großen Euphorie für die „Dot.com's" geprägt.

Es wird sich noch erweisen, dass der Schritt zur Einrichtung dieses neuen Studiengangs für die Entwicklung der neuen Stadtplanung Vorbildcharakter hat.

Zu danken ist auch den Protagonisten der Europäischen Urbanistik in Weimar, vor allem den Professoren Christ, Hassenpflug und Nentwig, die dieses Projekt mit großem Engagement (und gegen teils erhebliche Widerstände) zum Erfolg geführt haben.

Schließlich gebührt auch den „Young Professionals" Respekt und Anerkennung, denn sie sind es, die sich auf dieses Experiment eingelassen und einen neuen Weg in der postgradualen Ausbildung im Städtebau eingeschlagen haben. Ohne diese Bereitschaft blieben all ihre Skripte ungelesen und all ihre Projekte unbesehen, die im ersten Studienjahr entwickelt und begleitet wurden.

Die Wirtschaft fordert mit großer Berechtigung für die universitäre Ausbildung eine maximale Nähe zur Praxis. Das integrierte Ausbildungskonzept der Europäischen Urbanistik bietet genau dies: eine solide wissenschaftliche Ausbildung mit einem qualifizierten Abschluss in Verbindung mit dem „Härtetest" der realen Projektarbeit, der als Lackmustest für das erworbene Wissen dient.

Die Mühl Product & Service Aktiengesellschaft aus Thüringen ist stolz darauf, dass dieses Forum ihren Namen trägt. Die Unternehmensphilosophie der Mühl AG basiert auf einer ganzheitlichen Betrachtung des Bauens und sieht sich in einer guten Tradition mit den „Bauhäuslern". Was läge also näher, als ein Projekt zu unterstützen, welches sich intensiv mit den langfristigen Folgen von Architektur und Städtebau auseinandersetzt?

Ich wünsche der Europäischen Urbanistik in Weimar, dass der eingeschlagene Weg mit Beharrlichkeit weiterverfolgt werden kann. Dazu gehört die nachhaltige Unterstützung möglichst vieler privater und öffentlicher Institutionen. Insofern ist dies auch ein Aufruf, weitere Anstrengungen zu unternehmen, damit der Begriff „Europäische Urbanistik" eng mit Weimar verbunden bleibt. Als europäische Kulturstadt trägt Weimar auch eine besondere Verantwortung für die Zukunft.

Die Städte in Ost- und in Westdeutschland haben diesen Studiengang nicht nur verdient, sondern teils bitter nötig. In diesem Sinne wünsche ich dem *Mühl Forum Europäische Urbanistik* für die kommenden Jahre viel Erfolg und eine breite Aufmerksamkeit.

Kranichfeld, im Mai 2001

Vorwort

Prof. Wolfgang Christ,
Bauhaus-Universität Weimar

Im symbolträchtigen Jahr 2000 herrschte wahrlich kein Mangel an urbanistischen Konferenzen. Das öffentliche Interesse an der Zukunft der Stadt war erstaunlich groß – vielleicht ist dies auch als eine Reaktion auf das gleichzeitige Verschwinden der traditionellen Stadt zu verstehen. *Urban 21 – die Weltkonferenz zur Zukunft der Städte* in Berlin konnten wir in Weimar nicht überbieten.

Mit dem *Mühl Forum Europäische Urbanistik* verfolgen wir grundsätzlich andere Perspektiven:

1. In einer pointilistischen Weise sammeln wir avancierte urbanistische Projekte, die gleichwohl in der Regel nicht im Rampenlicht einer nationalen oder gar europäischen Öffentlichkeit stehen und fügen sie in Weimar als Bausteine zu einem möglichen Bild der zeitgenössischen Stadt zusammen.

2. Wir bauen eine Plattform des Dialogs und der Anschaulichkeit auf. Jahr für Jahr stellen wir Best Practice-Projekte europäischer Urbanistik zur Diskussion – und beschränken uns dabei nicht auf den alten Kontinent.

3. Wir handeln als Lehrende und Studierende. Uns interessieren neue Wege und Ziele für die Planung und die planenden Disziplinen. Als eine lernende Organisation möchten wir offen sein für Impulse von außen.

Das *Mühl Forum Europäische Urbanistik 2000* streift zahlreiche urbanistische Themen und konkrete Fallbeispiele. Dabei könnte leicht die Orientierung verloren gehen. Ich möchte daher einige ordnende Anmerkungen zur Lage vornehmen:

1.
Wir verbinden mit der Europäischen Urbanistik den Anspruch, die tradierten Qualitäten und Werte der Stadt europäischen Typs mit den Herausforderungen der Informations- und Dienstleistungsgesellschaft in Einklang zu bringen.
   Qualität und Wert der europäischen Stadt: Dies lässt sich trefflich anhand von Begriffen wie öffentlicher Raum, Citoyen, Stadtmitte, City, Cité oder mit der Dualität von innen und außen, von Stadt und Landschaft illustrieren.
   Ich möchte als Architekt und Städtebauer und als einer der Promotoren des neuen postgradualen Studiengangs Europäische Urbanistik ein Merkmal hervorheben, dem ich eine ganz besondere Bedeutung in der Vergangenheit und in Zukunft zuweise: der Raum als originäres Medium der Stadt!

2.
Mit Agora, Tempel und Nekropole beginnt, in der Kommunikation der Menschen untereinander, mit den Göttern und den Toten, Stadt lebendig zu werden. Die mittelalterliche „Behälterstadt" verdichtet diesen kulturellen Zusammenhang in höchstem Maße und prägt bis heute unser „Innenbild" von der „alten" Stadt. In der Barockstadt entfaltet sich die neue Wahrnehmung des Raumes als Bild im Spannungsverhältnis von Fluchtpunkt und Perspektive.

Die Stadt des ausgehenden 19. und 20. Jahrhunderts ist nicht zuletzt ein Spiegelbild der fortschreitenden Raumeroberung und der
besonderen Raumerfahrung, die der Mensch als Eisenbahnreisender
und als im Auto Fahrender gewinnt.

Fazit: Die kulturelle Entwicklung ist stets aufs Engste verknüpft
mit der Strukturierung und Gestaltung des Raumes der Stadt und der
sie umgebenden Landschaft. Die traditionelle europäische Stadt ist
zugleich Ort und Struktur sozialer Beziehungen und einer Kommunikation „face to face". In der europäischen Stadt konnte sich die
Gesellschaft und das Individuum über das Medium der Architektur
ihres bzw. seines „Seins" vergewissern.

3.
Unser Leben wird heute von neuen Medien maßgeblich bestimmt.
Schon dem gedruckten Buch wohnte die Kraft inne, Architektur jener
Bedeutung zu berauben, die sie über das Beschützen und Behausen
hinaus zum Symbolträger einer urbanen Kultur in Europa gemacht
hat.

Victor Hugo hat uns in *Notre Damê de Paris* mit ungeheurem
Pathos vor vollendete Tatsachen gestellt: ... „dieses (das Buch) wird
jenes (die Baukunst) töten!" ...

Eisenbahn und Telegrafie, Auto und Film sind im 19. Jahrhundert
herangereift, den Raum zu überwinden, seinen „Widerstand" zu brechen. Architektur und Städtebau haben jedoch gerade auch in der
Kultivierung des „Raumwiderstandes" ihre Funktion gefunden.

Mit Telefon, Fernsehen, PC, Fax und Mobil Phone gehen die
separierten audiovisuellen Medien des 20. Jahrhunderts in der globalen Netzwelt des „Internet" auf. Wir erleben zurzeit den Aufbau
einer künstlichen Parallelwelt, die strukturiert ist, eine Gestalt besitzt
und anfängt, sinnstiftend zu wirken: Medialisierung, Globalisierung,
Hochgeschwindigkeitsmobilität, Flexibilisierung, Individualisierung,
Nano- und Gentechnologie repräsentieren die Qualitäten und Werte
des anbrechenden neuen Jahrhunderts.

Wir sind mitten drin in der Gründerzeit der Informations- und
Dienstleistungsgesellschaft. Ein Paradigmenwechsel, so radikal wie
von der Agrar- zur Industriegesellschaft, erfasst Architektur und
Städtebau und stellt radikal infrage, was Stadt, was Europäische
Urbanistik heute ist.

„Where do you want to go?" Die links und icons von Microsoft
führen uns jedenfalls nicht mehr automatisch in eine physisch präsen-
te Welt: Der „neue Markt", die „new economy" baut keine Städte
mehr! Wozu brauchen wir Stadt, wenn wir Zuhause im Internet sur-
fen und uns über die „Zukunftsbranche Logistik" alles liefern lassen? ...

4.
Die Stadt, die heute existiert, kann schon längst nicht mehr einfach
so genannt werden. Wir brauchen Hilfskonstruktionen, um in etwa
zu beschreiben, was wir sehen: Zwischenstadt, Sprawl, Peripherie,
z. B. Wir reden vom Verdichtungsraum, der polyzentrischen Metropolregion oder schlicht vom transurbanen Raum. Die traditionelle
europäische Stadt hat wie ein altes Möbelstück darin Platz gefunden
oder ist darin aufgegangen.

Wir sind auf der Suche nach einer neuen Rolle für die Stadt und
das heißt für mich: Wir suchen nach der Erscheinung, Wirkung und
Bedeutung des Raumes als Medium des Urbanen.

In aller Welt, also auch in Deutschland und Europa, werden große
Anstrengungen unternommen, die Zukunft der Stadt für Mensch und
Natur kultiviert zu gestalten. Agenda 21, Urban 21, sustainable urban
development, sustainable open space, „mehr Ethik – weniger Ästhetik"
– das Motto der Architekturbiennale 2000 in Venedig – beschreiben
stellvertretend für die unzähligen kleinen und lokal geprägten Initia-
tiven die neue Orientierung auf die Leitrealität der Ökologie, gerade
auch als Paradigma einer Kultur des Städtischen.

5.
In Zeiten des radikalen Umbruchs der Industriegesellschaft – die in
Ostdeutschland und Osteuropa seit der Wende 1990 im Zeitraffer-
tempo abläuft – brauchen wir „Best-Practice"-Projekte. Wir befinden
uns am Ende eines Jahrhunderts der gebauten und oft genug geschei-
terten Utopien, in denen wir Stadt als Gesamtkunstwerk aus der
Hand des Architekten empfangen dürfen, „gebrannte" Kinder des
Fortschritts. Ein neuer „Plan Voisin" wird nicht gebraucht!
    „Trial and error" dürfte vorerst die Erfolg versprechendste Methode
sein, Zukunft zu gestalten. Überall in Europa (und darüber hinaus)
finden sich Ideen, in Praxis umgesetzt, von denen wir lernen können.
Seien es der Umbau und die Neuschöpfung einer ganzen Landschaft,
wie in der Bergbauregion der Lausitz, oder die Wiederbelebung devastierter Innenstädte durch die Wiedernutzung der Industriearchitektur,
diesmal als mixed-used-development, etwa in Manchester oder Liverpool. Die Idee eines Nachhaltigkeitszentrums für Handel und Handwerk in Hamburg interessiert uns ebenso wie die Renaissance der
Stadt als erlebbare städtebauliche Figur in Lyon.
    Selbstverständlich engt uns der selbst gewählte Name „Euro-
päische Urbanistik" weder inhaltlich noch räumlich ein: Wir schauen
nach Washington und São Paulo und partizipieren an Fragestellungen
der Stadtforschung und Stadtentwicklung, in die wir im Zeitalter der
Globalisierung eingewoben sind.

Die im *Mühl Forum 2000* vorgestellten modellhaften Projekte zeichnen sich auf den ersten Blick durch ihre Individualität und weitgehen-
de Unvergleichbarkeit aus. Gemeinsam ist allen jedoch aus meiner
Sicht ein Merkmal: sie schöpfen aus Umbruchsituationen, die kenn-
zeichnend für den konstatierten Paradigmenwechsel sind, Kraft für
eine neue evolutionäre urbanistische Praxis.
    Die Basis für Kooperation und internationalen Erfahrungsaus-
tausch ist das *Mühl Forum Europäische Urbanistik 2000*. Durch die
großzügige Förderung der Mühl Product & Service AG Kranichfeld
kann die enge Zusammenarbeit zwischen Lehre, Forschung und Praxis
auf ein solides Fundament gestellt werden: Einmal pro Jahr wird das
Mühl Forum Europäische Urbanistik die Akteure der Modellprojekte
mit den Studierenden und Lehrenden der Europäischen Urbanistik
zusammenführen. International renommierte Experten begleiten das
Forum. Die Studierenden stellen im Forum die Ergebnisse ihrer pra-
xisorientierten Forschung zur Diskussion.

Mich interessieren dabei vor allen Dingen zwei Fragen:
1. Welche Bausteine bringen Sie mit nach Weimar für das Bauen an
   der Stadt des 21. Jahrhunderts?

2. Welche Rolle könnten die Absolventen der Europäischen Urbanistik in der Projekt- und Stadtentwicklung in Zukunft spielen? Gibt es einen Bedarf für „Experten für den Raum"?

Unsere Zielsetzung findet in der Struktur des Forums ihren Niederschlag und gliedert den Gesamtzusammenhang:
• Projektentwicklung und Immobilienwirtschaft,
• Stadtentwicklung und Stadtforschung,
• Architektur und Städtebau,
• Perspektiven für die Lehre von der Stadt im 21. Jahrhundert.

Es ist uns gelungen, international erfahrene Moderatoren zu gewinnen, deren Aufgabe es ist, die Berichte der Studierenden einerseits und die Kommentare und Anregungen der Projektpartner andererseits zu einem Paket zu bündeln.

Ein Fachbeitrag wird in diesem Jahrbuch jedes dieser Pakete mit einem besonderen Akzent eröffnen. Der Blick vom Antipoden der Stadt europäischen Typs – vermittelt von Prof. Jurg Lang aus Los Angeles – dürfte dabei ebenso erhellend sein wie die Perspektive aus einem sozial-ökologischen Reformprojekt für eine altindustrialisierte Region auf Universität und die Lehre von der Europäischen Urbanistik, vorgestellt von Prof. Dr. Karl Ganser, Direktor der Internationalen Bauausstellung IBA-Emscher Park.

Karl Ganser verdanken wir im Übrigen die Anregung, hochmotivierte Studentinnen und Studenten mit avancierten urbanistischen Projekten, mit der Praxis europäischer Stadtentwicklung und mit der Stadtforschung zusammenzubringen.

Die Berichte und Vorträge des *Mühl Forums Europäische Urbanistik* sind in dem hier vorliegenden Jahrbuch 2000 zusammengefasst.

Ich danke allen, die diesen ersten „Werkbericht" des *Mühl Forums* im Kontext des postgradualen Studiengangs Europäische Urbanistik tatkräftig unterstütz und sympathisch kritisch begleitet haben. Dazu zählen in erster Linie die Projektpartner und die Moderatoren sowie die Gastreferenten des Forums.

Mein besonderer Dank gilt der Mühl Product & Service AG Berlin/ Kranichfeld und ihrem Aufsichtsratsvorsitzenden Peter Schumacher. Es dürfte zu den seltenen Glücksfällen in der Entwicklung einer Architekturfakultät an einer Universität gehören, wenn Sie in den Genuss von fachlich fundiertem Rat als Essenz eines reichen Berufslebens kommen kann und zugleich Studentinnen und Studenten einen großzügigen Stifter finden.

Peter Schumacher war jahrelang ein kritischer Begleiter auf dem Weg zur Gründung eines postgradualen Studienganges mit dem thematischen Schwerpunkt Stadt. Seit 1999 ist Herr Schumacher ein unermüdlicher Förderer des Dialogs zwischen Universität und Wirtschaft, Theorie und Praxis und nicht zuletzt zwischen der Generation des Wiederaufbaus nach dem Krieg und den Enkeln, die das 21. Jahrhundert als „Experten für den Raum" mitgestalten sollen.

Ohne das wirkliche Engagement eines Citoyen, ohne die finanzielle Unterstützung eines der Unternehmen des Baustoffhandels und des Baumanagements in Deutschland würde der Europäischen Urbanistik ein wichtiges Standbein fehlen.

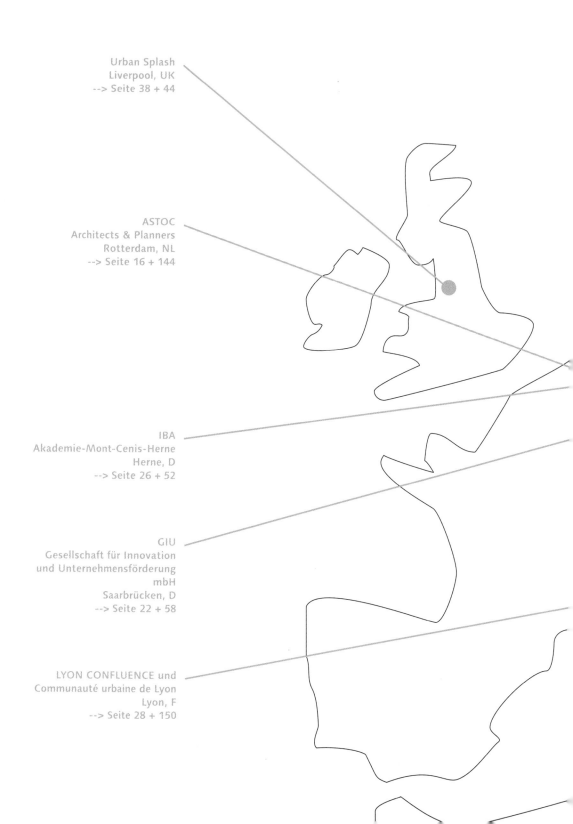

Urban Splash
Liverpool, UK
--> Seite 38 + 44

ASTOC
Architects & Planners
Rotterdam, NL
--> Seite 16 + 144

IBA
Akademie-Mont-Cenis-Herne
Herne, D
--> Seite 26 + 52

GIU
Gesellschaft für Innovation
und Unternehmensförderung
mbH
Saarbrücken, D
--> Seite 22 + 58

LYON CONFLUENCE und
Communauté urbaine de Lyon
Lyon, F
--> Seite 28 + 150

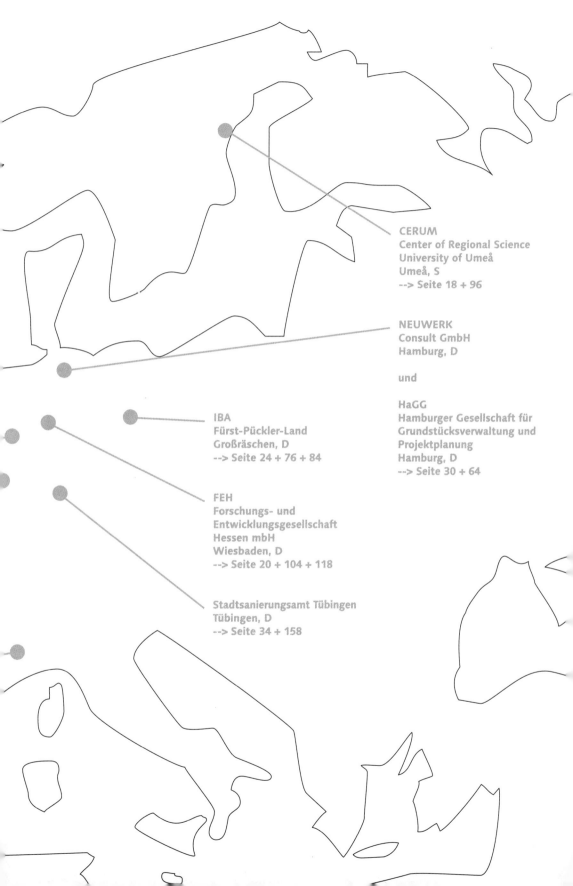

CERUM
Center of Regional Science
University of Umeå
Umeå, S
--> Seite 18 + 96

NEUWERK
Consult GmbH
Hamburg, D

und

HaGG
Hamburger Gesellschaft für
Grundstücksverwaltung und
Projektplanung
Hamburg, D
--> Seite 30 + 64

IBA
Fürst-Pückler-Land
Großräschen, D
--> Seite 24 + 76 + 84

FEH
Forschungs- und
Entwicklungsgesellschaft
Hessen mbH
Wiesbaden, D
--> Seite 20 + 104 + 118

Stadtsanierungsamt Tübingen
Tübingen, D
--> Seite 34 + 158

The Urban Institute
Washington,
Washington D.C., USA
--> Seite 36 + 110

Faculdade de
Arquitetura e Urbanismo,
Universidade de São Paulo
São Paulo, BR
--> Seite 32 + 130

ASTOC

Architects & Planners
Prof. Kees Chrisiaanse
Watertorenweg 336
Postbus 4140
NL-3063 AC Rotterdam
Tel: 0031-10-453 10 10
Fax: 0031-10-452 13 60
www.astoc.de

Rheinauhafen Halle 11
D-50678 Köln
Tel: 0049-(0)-221-310 08 31
Fax: 0049-(0)-221-310 08 33
e-mail: astoc@netcologne.de

• gegründet 1989 in Rotterdam
• ca. 80 Mitarbeiter

Arbeitsbereiche:
• Stadtplanung,
• Rahmenplanung,
• Siedlungsplanung,
• Gewerbebau,
• Schulen,
• Verwaltungsbau,
• Museen,
• Wohnungsbau,
• Ausstellungskonzeption.

„Entwerfen ist Organisation – das Interpretieren von Informationen auf die schnellstmögliche und effizienteste Weise und in Richtung auf ein bestimmtes Ziel. Entwerfen ist eine organisierende Tätigkeit ... ein logisch, rationaler Prozess der hauptsächlich besteht aus Entscheiden und Wählen: Ja/Nein oder in der Computersprache 1/0."

Kees Christiaanse

Cerum
Center of Regional Science
University of Umeå

Lars Westin
S-09187 Umeå
Tel: 0046-90-786 50 00, Uni
Tel: 0046-90-786 60 79, Westin
Tel: 0046-90-786 60 82, Sekretariat
Lars.Westin@econ.umu.se
www.umu.se/cerum

Universitäres Forschungsinstitut für:

- Raumtheorie,
- Modelle für Simulation räumlicher Strukturen und räumlicher Dynamik,
- Raumanalyse und Raumstatistik,
- Geografisches Informationssystem,
- Regionale und städtische Vorgaben,
- Vorgabenauswertung.

FEH
Forschungs- und
Entwicklungsgesellschaft Hessen mbH

Abraham-Lincoln-Str. 38–42
D-56189 Wiesbaden
Tel: 0049-(0)-611-77 43 34
kerstin.jaensch@feh-hessen.de
www.ibh-hessen.de

- seit 1975
- Forschungs- und Planungsinstitut des Landes Hessen
- 55 % im Eigentum des Landes Hessen
- 45 % im Eigentum der Investitionsbank Hessen AG, IBH

Die FEH arbeitet im interdisziplinären Netzwerk mit Forschungs-instituten, Hochschulen, Industrie- und Handelskammern, Statistisches Landesamt, Planungsbüros, ...

Arbeitsbereiche:
- Konzeption und Management von Projekten
der Stadt- und Regionalentwicklung,
- Raumordnung und Infrastruktur,
- Kommunale Struktur- und Entwicklungsplanung,
- Flächenmobilisierung und Standortentwicklung,
- Trägerschaften und Objektentwicklung,
- Informationstransfer.

„Service für die Wirtschaft – aus einer Hand"

Zitat aus FEH-Prospekt

„Für mich ist die Stärke der (Forschungs- und Entwicklungs-) Gesellschaft die Kombination von Wissenschaft und Praxis sowie ihre Mittlerfunktion zwischen Land und Regionen. Durch fundierte Analysen, innovative Konzepte und die zielgerichtete Bündelung ihrer Aktivitäten trägt sie zur Strukturverbesserung in Hessen bei."

Joachim Lauterbach, Mitglied der Geschäftsführung

GIU
Gesellschaft für Innovation und
Unternehmensförderung mbH, Saarbrücken

Nell-Breuning-Allee-8
D-66115 Saarbrücken
Tel: 0049-(0)-681-976 21 02
Fax: 0049-(0)-681-976 21 20
info@giu.de
www.giu.de

• seit 1984
• ca. 30 Mitarbeiter

Arbeitsbereiche:
• Projektentwicklung für Gewerbestandorte,
• Technologiezentren,
• Städtebauliche Beratung und Betreuung,
• Wirtschaftberatung in Eurozone,
• Kinoinitiative Nordrheinwestfalen,
• Gewerbeimmobilien: Verkauf und Vermietung.

„Die GIU Gesellschaft für Innovation und Unternehmensförderung mbH betreut Sie in allen Fragen der standortbezogenen Unternehmensentwicklung.
Kreative, individuelle Lösungen, optimierte Flächenangebote, umfassende Dienstleistungen sowie ein hoher inhaltlicher Anspruch sind die Basis für Leistungsfähigkeit und Kundenorientierung."

Internationale Bauausstellung (IBA) Fürst-Pückler-Land

Ernst-Thälmann-Str. 42 A
D-01983 Großräschen
Tel: 0049-(0)-35 75 3-37 00
Fax: 0049-(0)-35 75 3-37 01 2
www.iba-fuerstpueckler-land.de

• seit 2000
• angelegt auf 10 Jahre
• ca. 15 Mitarbeiter

Im Mittelpunkt der gestalterischen und planerischen Arbeit
der IBA steht das Thema Landschaft innerhalb des ehemaligen
Lausitzer Braunkohlereviers:
Eine Gesamtfläche von 5000 m², etwa doppelt so groß
wie das Saarland, soll im Rahmen des schon begonnenen
Wandlungsprozesses die Qualitäten einer unverwechselbaren
und reizvollen Landschaft erhalten.

„Zwischenlandschaft"

„Werkstatt für neue Landschaften"

Zitate aus der Homepage der IBA Fürst-Pückler-Land

Offizielles Postkartenmotiv

„Eine Region, die über ein Jahrhundert lang
alles gab, damit umliegende Regionen Licht
hatten, nimmt nun – während ihrer schwierig-
sten Veränderungsphase – für sich das Recht
in Anspruch, ein Jahrzehnt lang selbst
im Licht zu stehen."

Prof. Dr. Rolf Kuhn, Leiter der IBA Fürst-Pückler-Land

IBA Akademie Mont-Cenis-Herne
Internationale Bauausstellung Emscher Park
Entwicklungsgesellschaft Mont-Cenis EMC

D-44627 Herne
Tel: 0046-(0)-2323-96 76 0
www.akademie-mont-cenis-herne.nrw.de

• Stilllegung der Zeche Mont Cenis
• 1996 Beginn der Ausführungsplanung
• 1997 Beginn der Bauarbeiten
• 1999 Fertigstellung und Präsentation innerhalb des
IBA-Finales im Oktober '99

Arbeitsthemen:
• Integriertes Gesamtkonzept,
• Akademie Mont-Cenis,
• Energiepark mit Umsetzung eines örtlichen
Energieversorgungskonzeptes,
• Landschaftspark und Erholungslandschaft,
• Stadtteilentwicklung Herne-Sodingen:
  - Modernisierung des Wohnungsbestandes
    (Ökologisches Bauen)
  - und Wohnumfeldverbesserung,
  - Erweiterung und Ergänzung des Dienstleistungsangebotes,
  - Arrondierung des angrenzenden Gewerbegebietes.

„Ein neuer Motor für die stillgelegte Mitte"

Schemata der Mikroklimahülle

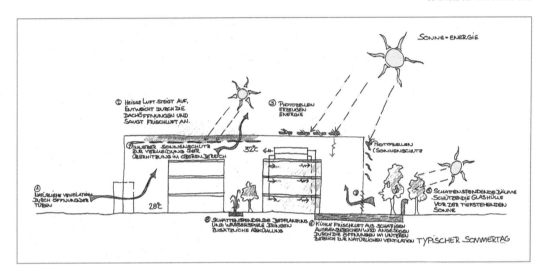

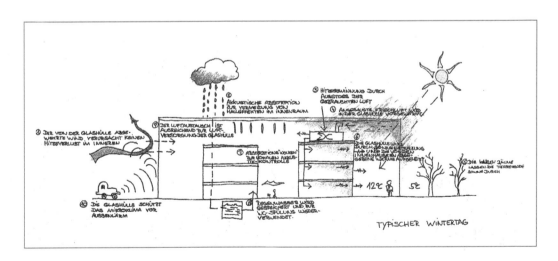

Lyon Confluence und
Communauté urbaine de Lyon

Communauté urbaine de Lyon
20, Rue de Lac
F-69003 Lyon
Tel : 0033-478 63 48 73
Fax : 0033-478 63 48 19

Projektentwicklungsgesellschaft zur Umsetzung des Großprojektes Lyon Confluence, Leitprojekt der europäischen
Metropole Lyon.

Projekt:
Konversion und Möglichkeit zur kompletten Neuplanung
einer innerstädtischen Industrie-Brache, 150 ha, unmittelbar an
die Innenstadt angrenzend, an der Südspitze der «Presqu´île»,
der Halbinsel zwischen Saône und Rhône, am Zusammenfluss
(«Confluent») der beiden Ströme, der dem Projekt den Namen
gibt.

LyonConfluence

„Es gibt keine große Metropole
ohne große Zukunftsprojekte.
Wir brauchen ein Quartier,
welches den Übergang in das
neue Jahrhundert symbolisiert,
die Entwicklung unserer Stadt
und die bedeutende Rolle,
die sie im Europa des 21. Jahrhundert zu spielen hat ... Lyon
Confluence ist kein schlichtes
städtebauliches Vorhaben ..."

*Raymond Barre, Präsident des Grand Lyon und
Bürgermeister von Lyon, 06. Juli 1998.*

Neuwerk Consult GmbH
Nachhaltigkeitszentrum

Friesenweg 5 G
D-22763 Hamburg
Tel: 0049-(0)-40-85 15 07 70
Fax: 0049-(0)-40-85 15 07 99
mail@neuwerk-consult.de

Projektentwicklungsgesellschaft

aus der Präambel der Neuwerk Consult GmbH:
„Das Nachhaltigkeitszentrum Hamburg steht für die praktische
Umsetzung der Agenda 21 und orientiert sich somit an den
Prinzipien einer nachhaltigen Entwicklung und Partizipation.
Es führt Handwerk, Handel und Dienstleistung zusammen und
lässt so eine neue Qualität von Leistungen entstehen. Das
Nachhaltigkeitszentrum Hamburg setzt damit neue Maßstäbe
und Ziele für zukünftige Märkte."

HaGG
Hamburger Gesellschaft für Grundstücks-
verwaltung und Projektplanung mbH

Stresemannstr. 375
D-22761 Hamburg
www.hagg.de

Arbeitsbereiche:
• Entwicklung von Gewerbehöfen,
• Facility Management und Beratungsservice,
• Flächenaktivierungen,
• Projektentwicklung und Baubetreuung für Dritte
sowie für den eigenen Bestand,
• Neubau für den eigenen Bestand,
• Bewirtschaftung des eigenen Bestandes,
• Gewerbentwicklung und Gewerbemanagement.

das Ö | Welt der Lebensqualität

„Jetzt Handeln, damit Zukunft eine Chance hat!"

Zitat aus Neuwerk-Prospekt

„Das Ö" steht für die praktische Umsetzung der Agenda 21, es verfolgt die Prinzipien der Nachhaltigkeit und Partizipation.

Faculdade de Arquitetura e Urbanismo
Universidade de São Paulo

Rua, 178 cep 01248060
São Paulo, Brasil

LCCOSTA@IBM.NET
www.usp.br/fau

„Weil ich eine Favela-
bewohnerin war, woll-
ten meine Mitschüler
nicht neben mir sitzen.
Jetzt bin ich wie die
anderen. Ich wohne in
einer Wohnung, habe
mein eigenes Zimmer
und mein eigenes Bett
und kann meinen Freun-
den meine Adresse ge-
ben. Ich bin nicht mehr
wegen meines Wohn-
ortes diskriminiert."

Aussage einer 11-jährigen
Cingapura Bewohnerin.

Quelle:
Krähenbühl, L.: Cingapura –
O Encontro de Sao Paulo com a Cidadania.
Bix Design Corporativo Editora: Sao Paulo,
1996.

Stadtsanierungsamt Tübingen

Brunnenstr. 3
D-72074 Tübingen
Tel: 0049-(0)-7071-93 51 11
Fax: 0049-(0)-7071-93 51 19
www.tuebingen.de

Projekt:
Entwicklung der Tübinger Südstadt (Stuttgarter Straße/Französische
Viertel) zum Mischgebiet (Wohnen und Gewerbe) unter Einbindung
der zukünftigen Nutzer mit der Zielstellung von:
• Nutzungsvielfalt,
• Bauliche und Soziale Vielfalt,
• Vielfältige soziale und kulturelle Infrastruktur.

„Stadt mit Eigenschaften"

„Als Planer sollten wir zur Kenntnis nehmen, dass sehr viele Menschen von der Stadt mehr erwarten als einen gigantischen Supermarkt, in dem man alles einkaufen kann, was das Leben so braucht – Wohnraum, Licht/Luft/Sonne, Arbeitsgelegenheiten, Mobilität, Kinderfreundlichkeit, Kaufhausrausch, Erlebnis – eben die perfekte ‚Freiheit'.

Die Menschen wissen sehr wohl, dass Städte Orte des Austauschs, des auskömmlichen Zusammenlebens von Fremden unter Fremden sein müssen. Sie können sich solche Städte aber kaum mehr vorstellen. Und sie können solche Städte vor allem nicht selbst schaffen.

Aufgabe der Stadtplanung ist es, räumliche Strukturen anzubieten, in denen die Menschen – die Bewohner, die Geschäftsleute und Betriebsinhaber, die Beschäftigten, die Kinder und Jugendlichen wie die Älteren – mit eigener Phantasie und Kraft städtisches Leben aufbauen können."

Andreas Feldtkeller, ehemaliger Leiter des Stadtsanierungsamtes, in „Innovation durch Konversion", deutsche bauzeitung 6/94

The Urban Institute

2100 M Street, N.W.
Washington, D.C. 2037
Tel: 01-202-261 56 32
www.urban.org

Staatliches Forschungsinstitut

• 1968 in Washington D.C. gegründet
• ca. 400 Mitarbeiter
• Ökonomen, Soziologen, Politikanalysten, Rechtsanwälte,
Statistiker, Stadtplaner, Demographen, Kommunikations-
experten, ...
• Hauptsitz ist Washington, D.C.
• Projektarbeit in fast allen Bundesstaaten der USA und
weltweit in 20 Ländern

• Finanzierung durch öffentliche Regierungsstellen, verschiedene Gesellschaften, bilaterale und multilaterale Institutionen
(bspw. Weltbank)

Das Urban Institute versteht sich als gemeinnützige Organisation, die von der finanziellen Förderung des öffentlichen und
privaten Sektors abhängt.

Aufgaben:
• Systematische Erforschung der Städte Amerikas
und ihrer Bevölkerung,
• Erhebung von Daten,
• Erstellung von Analysen,
• Beschreibung und Definition neuer Trends, Probleme
und Chancen,
• Evaluation von Regierungsprogrammen,
• Erstellung von Basisinformationen als Beitrag zur politischen
Entscheidungsfindung.

„urban institute – open minds – hard facts – fresh perspectives"

„Our country can't make headway against its domestic problems if Americans don't know both the size of those problems and the cost of solving them."

William Gorham, Urban Institute's President Emeritus

„Our Mission – Then and Now
Leaving politics to others, the Urban Institute brings three critical ingredients to public policy debates on designing and financing America's domestic policy initiatives: accurate data, careful and objective analyses, and perspective.
We also evaluate government programs – pratical work that grounds our policy research in the everyday experiences of the people who create, run, and use these programs."

Zitate aus Urban Institute-Prospekt

Urban Splash

1 Concert Square
Concert Square Building
Liverpool L1 4BN
Tel: 0044-151-707 14 93
www.urbansplash.co.uk

Projektentwicklung, Architektur- und Planungsbüro

Arbeitsbereiche:
• Wohnungsbau,
• Büro- und Verwaltungsbau,
• Freizeitarchitektur,
• Bauten für Handel und Gewerbe,
• Industriebau.

„Urban Splash entwickelt Märkte für eine neue
Generation ‚urbaner Pioniere' und betreibt ein umfassendes Labeling, das neben dem Design den entsprechenden Lifestyle in einer ‚vibrant city' anbietet,
der gepaart ist mit einem ‚strong sense of security'."

Arndt Cöppicus

"Urban Splash is the award winning developer
dedicated to the regeneration of urban sites."

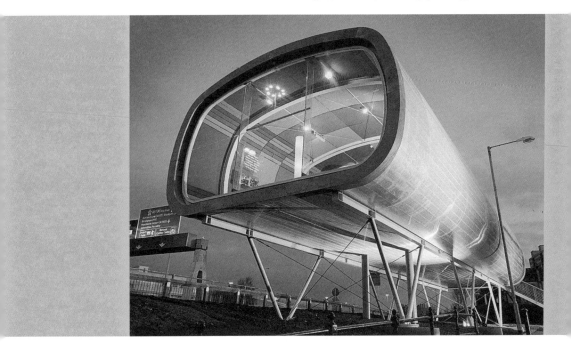

"Unlike many developers, Urban Splash develop a range of land uses
including residential, office, leisure, retail and industrial accommo-
dation – spaces for people to live, work and play."

"Each development represents a commitment to quality
contemporary design, in the belief that quality design has the power
to influence the quality of life of the people who use
and experience our buildings."

Einstimmung

Peter Schumacher,
Gremium Architektur im Kulturkreis
der Deutschen Wirtschaft im BDI e.V.

**Das Mühl Forum als Denkwerkstatt der Europäischen Urbanistik
an der Bauhaus-Universität in Weimar erlebt seine Premiere**

Dieses Weimar war schon immer eine ganz besondere Stadt des
Geistes mit einer einzigartigen und eigenwilligen Urbanität – und dies
ist auch bis heute so geblieben.

Man darf Weimar nicht nur als Kulturbeflissener oder als Speziali-
tätensucher besuchen. Man sollte sich die Zeit schenken, um Weimar
räumlich zu verstehen und in sich aufzunehmen; die Distanzen sind
überschaubar und kurz. Und für den Weg von einem markanten Punkt
zum nächsten benötigt man nur wenige Minuten. Erlebt man die Stadt
in ihrer in der Erdgeschichte so harmonisch geschaffenen Lage und die
von vorausschauenden Menschen an uns vererbte Stadtanlage mit
ihren eindrucksvollen Bauwerken des regierenden Residierens, der
neugierigen Wissenschaft, des streitbaren Glaubens sowie des bürgerlichen und des industriellen Lebens, dann wird dem Betrachter bewusst, wie viel unter diesen Dächern gedacht und aufgezeichnet
wurde und als Anstoß in die Welt hinausging und umgesetzt wurde.

Die anheimelnd inspirierende Ausstrahlung dieser europäischen
Kulturhauptstadt überwiegt. Diese Ausstrahlung stärkt den Geist, der
sich oft anfällig zeigt, nur kurz einer einzigen Sache dienen zu wollen
und der es dankbar empfindet, zu einem akzeptierten Teil eines um-
fassenden Ganzen zu werden.

In diesem Sinne will das *1. Mühl Forum der Europäischen Urbanistik*
deutlich machen, dass nicht allein der gewachsene, gestaltete und
gebaute Stadtraum im Mittelpunkt der Betrachtung stehen kann, sondern auch dessen Ausstrahlung auf die Menschen und deren Prägung
sowie die Schaffung einer geistigen Mobilität.

Der Gast im Hilton-Hotel von Weimar lässt seinen Blick wandern
hinüber, wo er durch die hohe Baumkulisse das Belvedere verborgen
weiß, in direkter Linie zum heutigen Musikgymnasium, von wo Teile
eines Klavierstückes herübergeweht werden, hinunter zum Bienen-
Museum und zum sich anschließenden Park, in dem die schon früh
aufgestandenen Gärtner die Anlagen pflegen. Die Ilm gleitet vorbei
am Rande des Städtchens, am römischen Haus und an Goethes
Gartenhaus und sie schmiegt sich an den lang gestreckten Höhenzug
an, unter dessen hohen Bäumen sich eine sehenswerte Bebauung
verbirgt.

Dort oben am Horn liegt, in einer über Jahrzehnte „verbotenen
militärischen Stadt", das ehemalige Offizierskasino, inmitten der ehemals von den Sowjets genutzten Kasernen. Unter den sensiblen Hän-
den sorgsamer Restauratoren wurde dieses heruntergewirtschaftete
Haus inmitten von Schatten spendenden Buchen zum heutigen Lehr-
gebäude der Europäischen Urbanistik umgestaltet. Noch ist es umge-
ben vom Provisorium der umgebenden Baustelle, aber es lädt in nob-
ler baulicher Eleganz bereits heute zum Vortragen, zum Mitdenken
und Mitdefinieren von Fragestellungen und damit zum geistigen
Miteinander ein.

Auf seinem Weg hat der Spaziergänger gegenüber dem Taxi-Benutzer
den Vorteil, sich auf einen großen Tag mit vielen Fragen vorbereiten
zu können:
• Erwächst europäische Urbanistik aus der Tradition und wie wird
  diese das Heute nutzen zur Gestaltung des Morgen?

• Wie vermag das räumlich kleine, aber geistig große Weimar, das für viele Menschen gordische Netzwerk von Globalisierung, Flexibilisierung und in der Verfügbarkeit des Wissens sich neu konstituierender Welt von Technik, Verwaltung und Märkten so zu ordnen, dass wir für die sich wandelnde und neu entstehende europäische Stadt Anfang und Ende der Fäden erkennen und die Qualität des Gewebes und seiner verantwortungsvollen Nutzung verstehen lernen?
• Wird der zwar in Schritten, aber in deren Addition doch in großen Sprüngen vorangehende globale Wandel die Chancen sichtbar machen, welche sich Lehre und Forschung des Studienganges der Europäischen Urbanistik in Weimar in europäischen und interkontinentalen Projektpartnerschaften eröffnen?
• Werden europäische Modellprojekte sich dergestalt gegenseitig befruchten, dass zukünftig bessere Lösungen daraus erwachsen?
• Wird eine interdisziplinäre Reflexions- und Gestaltungskompetenz entstehen?
• Wird das Bauwesen, wie es der Sponsor des Forums, die Mühl Produkt & Service AG, mit Methode und im Hinblick auf Optimierungschancen derzeit aktuell anstrebt, künftig Bauabläufe erleichtern und sicherer machen und die Zusammenarbeit zwischen Bauwesen und Architektur verbessern?
• Ist die im Studiengang der Europäischen Urbanistik und im *Mühl Forum* zu leistende Detailarbeit geeignet, den auf zahlreichen Konferenzen gesprochenen „großen Worten" praktischen Inhalt zu geben?
• Wird künftige Urbanität in der Lage sein, dem Menschen jenseits des ungebremst strömenden Datenflusses in der virtuellen Welt die Wärme und Geborgenheit bereit zu halten, die er in seiner realen Welt benötigt?
• Noch viele Fragen mehr kommen hinzu.

Aus der Zusammenarbeit mit Studenten internationaler Architektur-Fakultäten habe ich gelernt, dass diese mit einem vom „Regelwerk" noch unverdorbenen Sachverstand, aber mit einem durch ihre Ausbildung fundierten Blick und ohne jede Berührungsangst im Umgang mit den neuen Medien individuell und unvergleichbar schöpferisch aus der aktuellen Umbruchsituation Ideen entwickeln, die für die Lebensqualität in der neuen-alten Stadt erforderlich sind. Diese jungen Menschen werden sich aufgrund des internationalen Vergleiches, dem sie sich innerhalb ihres Studiums zu stellen hatten, zu gefragten Experten für den Raum entwickeln.

Wenn die in dieser Broschüre zusammengefassten Projektberichte Lösungsansätze beschreiben, die nicht nur den Hintergrund der eigenen nationalen Denkart berücksichtigen, sondern als Erfahrungen aus anderen europäischen und interkontinentalen Modellen vermittelt werden, dann könnte der genius loci von Weimar und der seines Bauhauses zum Träger einer neuen anspruchsvollen Stadtbaukultur werden.

Dies ist sicher unser aller Wunsch, und nicht nur der „Spaziergänger" ist gespannt, welche Antworten er vom ersten *Mühl Forum* der Europäischen Urbanistik erhalten wird.

Projektentwicklung
und Immobilienwirtschaft

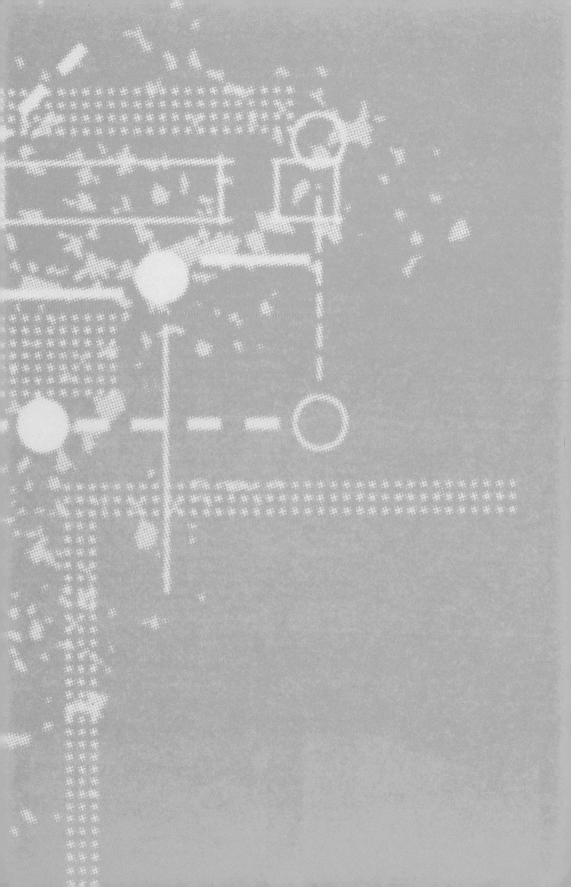

The Loft Shop and more

Arndt Cöppicus

geboren 1972
Dipl.-Ing. (FH) Innenarchitektur
Diplom 1999, FH Detmold
seit 1999 Studium der
Europäischen Urbanistik an der
Bauhaus-Universität Weimar

1. Der Projektentwickler *Urban Splash* im Nordwesten
   Großbritanniens
2. Gründungsgeschichte des Unternehmens
3. Tätigkeiten/Erfahrungen
4. Standortbeschreibung
5. Planungsprozess
6. Planungen
7. Abschließende Betrachtungen
8. Entwicklungsperspektiven

Projektpartner   Urban Splash, Liverpool, UK   (--> Seite 12 + 38)

1. Der Projektentwickler Urban Splash im Nordwesten Großbritanniens

Seit 1993 entwickelt das Unternehmen *Urban Splash* im Nordwesten
Großbritanniens Projekte für Wohnen und Gewerbe, vornehmlich auf
Industriebrachen in innenstadtnahen Lagen der Städte Manchester
und Liverpool. Das Unternehmen versteht seine Aufgabe vor allem in
der Wiederbelebung innerstädtischer Areale in Form einer „Inter-
vention in a hopefully clean and modern matter".

Um die Arbeit des Projektentwicklers *Urban Splash* im Nordwesten
Englands nachvollziehen zu können, muss man sich das stadträumliche Bild der Städte Liverpool und Manchester insgesamt vor Augen
führen. Innerhalb der letzten 40 Jahre hat sich die Bevölkerung in
Manchester und Liverpool um je eine Viertel Million Einwohner reduziert. Das ist bedingt durch die kontinuierliche Abwanderung in die
suburbanen Gebiete und durch die Binnenwanderung innerhalb Englands in die südlichen Landesteile infolge des industriellen Nieder-
gangs im Norden des Landes. Es hat eine stete Entleerung vor allem
zentrumsnaher Areale gegeben und mit der Ausdünnung eine Ver-
schärfung der Probleme im städtischen Gewebe. Über einen langen
Zeitraum in der Geschichte Liverpools und Manchesters war das
Leben im Zentrum der Stadt stigmatisiert mit Ängsten vor Kriminalität und Dreck. Unter anderem wurden diese befördert durch das
frühzeitige Ausbrechen wohlhabender Bevölkerungsschichten in neu
geplante, hoch segregierte Stadtteile, so dass ein gleichsam erfahrba-
rer Stadtraum immer weniger gegeben war.
     Durch die Liberalisierung des Marktes und die Deregulierung staat-
licher Steuerungsmechanismen ist ein wirtschaftlicher Aufschwung
der Kommunen ausgeblieben. Zudem sind über einen langen Zeitraum, bedingt durch die staatliche Deregulierung, kaum strukturpoli-

Abb. 1+2:
Stadträumliche Situationen in Liverpool

Abb. 3   *Abb. 4*

tische Maßnahmen ergriffen worden und die Kommunen waren mit den schwindenden Steuereinkommen nicht in der Lage, eine endogene Entwicklung herbeizuführen.

Die wenigen nicht staatlichen Organisationen allein konnten den Bedarf an stadtplanerischen Interventionen durch die entstandenen Verluste auf dem Arbeitsmarkt und deren unmittelbaren Folgen nicht befriedigen. Gerade auf dem Wohnungsmarkt in innenstadtnahen Bezirken, der durch einen hohen Anteil vom Wohngeld abhängiger Haushalte geprägt ist, entwickelte sich eine starke Polarisierung, die aus stadtplanerischer Sicht schon in der Nachkriegszeit einsetzt. Beispielsweise leitete der *Town and Country Planing Act* von 1947 mit der Konzentration des Interesses auf die „New Towns" eine starke Abwanderung der Bewohner aus den hoch verdichteten Innenstädten ein. (Abb. 1–3)

2. Gründungsgeschichte des Unternehmens

Vor diesem Hintergrund entstand das Unternehmen *Urban Splash*. Das erste Projekt *Palace* wurde noch vor der Gründung des Unternehmens 1992 von Tom Bloxham umgesetzt. Ausgehend von dem Versuch, günstigen Mietraum in der Innenstadt von Liverpool für die eigene Geschäftsidee (das Verkaufen von Postern) zu finden, wurde deutlich, dass der Immobilienmarkt der Innenstadt für einen Nischensektor keine erschwinglichen Gewerbeflächen zur Verfügung stellte. Dabei ist der Leerstand ehemaliger Lagerhäuser sowie Produktionsstätten ein auffälliges Phänomen, das besonders in günstigen innenstadtnahen Lagen vorzufinden ist. Ein victorianisches Lagerhaus in Slater Street Liverpool, keine 50 Meter von der Fußgängerzone entfernt, wurde kurzerhand erworben. Es war zu der Zeit eine günstige Immobilie, die bis dahin, wie viele andere Gebäude in der unmittelbaren Umgebung, dem Zerfall überlassen war. In Zusammenarbeit mit anderen jungen Geschäftsgründern wurde dieses Gebäude auf drei Etagen zu einem Geschäftshaus mit mehreren voneinander unabhängigen Läden und Büros umgebaut. Es ist nach wie vor ein sehr belebtes Kaufhaus mit Condom Shop, Plattenladen, Piercingstudio usw .... Gleichzeitig wurde dieses Kaufhaus durch eine Bar ergänzt, die über zwei Geschosse zugänglich ist, das Angebot auch außerhalb der Geschäftszeiten erweitert und sowohl für das Gebäude als auch die unmittelbare Umgebung eine stärkere Belebung bewirkt hat. (Abb. 4+5)

Der Erfolg bei der Erschließung neuer Gewerbeflächen führte schnell zu der Idee, ebenso Wohnraum in zentrumsnahen Lagen zu

Abb. 4+5: Palace Liverpool

Abb. 6+7: Concert Square Liverpool vor und nach dem städtebaulichen Eingriff.

schaffen, zu einer Zeit, als es praktisch noch keine Nachfrage nach innerstädtischem Wohnen gab. Angeregt durch vergleichbare Prozesse in London oder den USA wurde damit eine weitere Lücke auf dem Immobilienmarkt von Liverpool entdeckt. In unmittelbarer Nachbarschaft zum ersten Projekt *Palace* wurde nur ein Jahr später mit den Planungen zum *Concert Square* begonnen. In diesem Fall entschied man sich zu dem städtebaulichen Eingriff, durch den Abriss eines ehemaligen Chemiebetriebes einen innerstädtischen Platz zu schaffen. Mit der Umnutzung der angrenzenden Gebäude in Lofts und Bars sowie Büros wurde dem Areal eine neue stadträumliche Qualität gegeben. (Abb. 6+7)

Mit diesem Projekt gründete 1993 Tom Bloxham zusammen mit dem Architekt Jonathan Falkingham *Urban Splash*. Seither hat *Urban Splash* zahlreiche städtebauliche und architektonische Wettbewerbe gewonnen. Der Loft-Markt ist neben der Ansiedlung innovativen Gewerbes ein wesentliches Segment der weiten Angebotsbandbreite des Unternehmens.

Sämtliche Dienstleistungen auf dem Immobiliensektor übernimmt das Unternehmen aus einer Hand. Mit der Präsenz im Internet und neuerdings auch im Fernsehen wird die mediale Bandbreite ständig erweitert. Derzeit entsteht eine Fernsehsendung bei dem in Manchester ansässigen *Granada TV*, bei der sich *Urban Splash* um die öffentliche Diskussion über zeitgemäße architektonische und innenarchitektonische Strömungen bemüht.

Mit dieser multimedialen Darstellung entwickelt der Konzern ständig neue Konzepte und unterstreicht damit seine innovative Ausrichtung in der Schaffung von Märkten und Bedürfnissen.

Mit dem *Sales Office* in Manchester Castlefield wird möglichen Kunden neben verschiedenen Musterwohnungen ein Ausstellungspavillon präsentiert, der mehr als ein reines Verkaufsbüro ist. Platziert unmittelbar angrenzend an das Areal Brittania Basin in Manchester Castlefield, strategisch günstig an einer der wichtigen Einfallstraßen nach Manchester, fungiert es gleichzeitig als Zeichen und Symbol für den Wandel eines lange Zeit brachliegenden Areals. Hier werden in drei Abschnitten die Projekte *Box Works*, *Brittania Mills* und *Timber Wharf* mit einem Investitionsvolumen von 50 Millionen Pfund realisiert und 360 neue Wohneinheiten geschaffen. (Abb. 8+9)

Urban Splash bezeichnet sich selbst als das IKEA des Wohnungsmarktes.

An dem folgenden Beispiel wird deutlich, was mit diesem Selbstverständnis gemeint ist.

Abb. 8+9: „Loft Shop" Sales Office Manchester Castlefield

Abb. 10: Masterplanentwurf

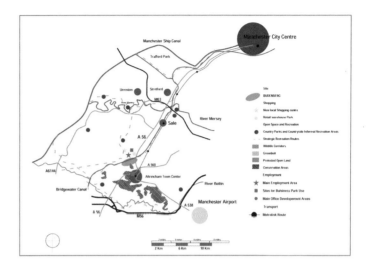

In dem aktuellen Projekt *The Box Works* in Manchester Castlefield wird derzeit ein neuer Markt erschlossen. So werden hier lediglich die „Shells", die leeren Hüllen des Gebäudes, in den unterschiedlichsten Größen und Preisklassen angeboten (bis zu 7000 DM/m²). Dem Käufer bleibt ein Maximum an Gestaltungsfreiheit, die entweder in Eigenleistung oder durch die Wahl eines beliebigen Architekten umgesetzt werden kann. In diesem Zusammenhang entwickelt *Urban Splash* Konzepte, beispielsweise mit Herstellern von „Bad-Systemen" standardisierte Elemente für den gesamten Innenraum anzubieten, die am ehesten mit den Bad Serien Phillip Starks vergleichbar sind. Das Möbel-Design wird in Zukunft ein integraler Bestandteil für den Loft-Markt.

3. Tätigkeiten / Erfahrungen
Hauptbetätigungsfeld während der Arbeit bei *Urban Splash* war die Mitarbeit an der Entwicklung eines Masterplans für ein ca. 3,1 ha großes Industrie-Areal. Das Projekt liegt am Rand des städtischen Großraums Manchesters, im Umfeld von funktional spezialisierten Bereichen. Auch wenn es formal dem Stadtzentrum von Altrincham zuzuordnen ist, so ist die Einbindung in das polyzentrische Netz Greater Manchesters von größter Bedeutung. Die Randlage am Bridgewater Kanal mit dem einfachen Zugang in den Landschaftsraum bildet hier die besondere räumliche Qualität. (Abb. 10)

4. Standortbeschreibung
Das derzeit noch industriell genutzte Areal liegt im Norden Altrinchams als Teil der Gemeinde Trafford, im Großraum Manchester. Etwa 15 km südlich von Manchester City Centre. Es liegt am Südufer des Bridgwater Canal. Das Stadtzentrum von Altrincham als die größte Stadt des Bezirks Trafford ist in etwa 15 Minuten fußläufig zu erreichen. Durch das umfangreiche Einkaufsangebot ist es von überregionaler Bedeutung bis in die Region Chessire. (Abb. 11+12)

Abb. 11+12: Lage am Kanal

Das Areal schließt unmittelbar an ein Wohngebiet an, das durch zweigeschossige Doppel- und Reihenhäuser geprägt ist. In diesem Zusammenhang findet sich eine Reihe kleinerer Geschäfte und Freizeiteinrichtungen, die das unmittelbare Umfeld bedienen.

Gefordert war die grundsätzliche Umstrukturierung in ein vornehmlich durch Wohnen bestimmtes Gebiet. Angelegt ist das Projekt über einen Zeitraum von mindestens 15 Jahren. Zwar befinden sich die Flächen und Immobilien bereits im Besitz der *Urban Splash Properties*, bestehende Nutzungsrechte der Gebäude laufen aber teilweise erst in 9 Jahren ab.

Im Gegensatz zu den bisherigen Projekten in unmittelbarer Zentrumsnähe soll eine neue Generation von zukünftigen Bewohnern angesprochen werden. Hier sind es weniger die Nachbarschaft zu den kulturellen Angeboten des Zentrums als die Vorzüge der Randlage. Ein Produkt von *Urban Splash* zu erwerben verspricht nunmehr ruhiges und qualitativ hochwertiges Wohnen.

Mit den Schlüsselbegriffen Live, Work, Play wurde ein schematisches Konzept für die Konversion des Areals erarbeitet.

Live:
- Mietwohnraum und Eigentum
- Große Bandbreite an Wohnungstypen
- Gemischt nutzbare Einheiten (Live/Work)
Work:
- Ausschluss von produzierendem Gewerbe
- Ansiedlung von:
- Büroeinheiten
- Studio Flächen – (Creative hothouses)
- Einzelhandel
- Kindergarten
Play:
- komplette Neugestaltung der Freiflächen
- Anbindung an Landschaftsraum
- Gemeinschaftsbereiche
- Parkplätze
- Kleinere Freizeit-/Sporteinrichtungen
- Erzeugen möglichst vielfältiger Begegnungsdichte

5. Der Planungsprozess

Zu Beginn der Planung wurden nach einer ersten Auswertung des Unitary Developement Plans informelle Gespräche mit Vertretern der Planungsbehörde geführt, um die jeweilige Interessenlage zu ermitteln. Der in unmittelbarer Nachbarschaft verlaufende Grüngürtel Dunham Massey zählt neben dem Kanal zu landschaftlich geschützten Bereichen. Das Planungsamt stimmte bei diesen Treffen dem Vorhaben zu, von der hauptsächlich gewerblichen Nutzung abzuweichen und dafür Wohnraum zu schaffen. Es wurde lediglich die nicht weiter klar umrissene Forderung nach der Bereitstellung von mindestens 10% günstigem oder erschwinglichem Wohnraum gestellt. (Abb. 13)

Das Areal der ersten Planungsphase umfasst die Fläche von 1,3 ha. Mit der stufenweisen Entwicklung des Projektes sind die Strukturen der Erweiterung bereits in der ersten Phase schematisch angelegt

Abb. 13:
Verwaltungsgebäude der Firma Budenberg

worden. Die sich aus der Forderung der Unternehmensleitung ergebende hohe Dichte von 300 Wohneinheiten für diese Fläche erscheint
vielleicht beängstigend, jedoch relativieren sich die Werte über die
Verteilung von Single-Haushalten zu Wohnungstypen mit zwei und
mehr Schlafräumen.

Während der Bearbeitungsphase wurden im Abstand von drei
Wochen Besprechungen mit der Firmenleitung durchgeführt. In der
Abfolge der Zwischenpräsentationen wurde immer wieder deutlich,
dass die zu verhandelnden Schwerpunkte des jeweiligen Arbeits-
standes nur unzureichend geklärt werden konnten. Dabei herrschte
Unklarheit über die zeitlichen Abläufe bezüglich einer zukünftigen
Realisierung sowie über die eigentlichen Interessen der Geschäfts-
leitung, die zwischen dem Weiterverkauf der Flächen und einer auf
Realisierung angelegten Planung schwankten.

Bei der Diskussion um die Freiraumplanung wurde deutlich, dass
dieser Raum nur eine zweitrangige Rolle spielen sollte, weil es neben
den klimatischen Vorraussetzungen vor allem englische Tradition sei,
sehr introvertiert zu leben. Als Argumentationsgrundlage dienten die
negativen Erfahrungen, die besonders im sozialen Wohnungsbau gemacht worden seien. Ein wie auch immer gut gestalteter Außenraum,
der einer gewissen Gemeinschaft, sei er auch nur einer bestimmten
Anwohnerschaft vorbehalten, würde Gefahr laufen, nicht angenommen zu werden und zu verwahrlosen. Es wurde auch gänzlich auf die
Möglichkeit verzichtet, Freiflächen als Anwohnergärten zu planen.
Der private Bereich der Wohnung war daher Schwerpunkt bei der
Gestaltung des Areals.

Das zu erwartende Desinteresse gegenüber gemeinsam oder individuell nutzbaren Freiflächen wurde insofern begründet, da eine voll-
beschäftigte Käuferklientel angesprochen werde, die ein sehr privates
Leben führt und allenfalls in den öffentlichen Raum tritt, um konsum-
orientierten Interessen oder bestimmten Freizeitaktivitäten nachzu-
gehen.

So wurde besonders das Angebot von verschiedenen sportlichen
Aktivitäten als wesentlicher Bestandteil der Planungen angesehen,
der es den Bewohnern ermöglichen soll, diese als integratives Angebot der „Anlage" zu nutzen.

6. Planungen

Weithin sichtbare architektonische Elemente der bisherigen Nutzung
des Areals bleiben bestehen, um das positiv besetzte Image des Kon-
zerns auf einen neuen Bedeutungszusammenhang zu übertragen.
Neben dem Verwaltungsgebäude der Firma Budenberg bleibt auch
der Schornstein als ein solches Zeichen erhalten. (Abb. 14)

Dieser wird das Zentrum des Areals bilden, um das mittels der
freiräumlichen Gestaltung gemeinschaftlich nutzbare Bereiche entstehen. Diese sollen unter anderem durch die Errichtung von gastrono-
mischen Einrichtungen zu einem Anziehungspunkt und einer Belebung
des Platzes führen. Die Uferzone entlang des Kanals und die Flächen,
die den neu geplanten Kanalfinger umschließen, werden der Öffentlichkeit zugänglich sein. So wird zumindest mittels einer qualitativ
hochwertigen Gestaltung des Außenraums und den konsumistischen
Ergänzungen die Aufenthaltsqualität gesteigert und damit werden

Abb. 14

Anreize für die umliegende Bevölkerung gegeben, diesen Raum zu nutzen. Denn bisher ist das gesamte Areal mit seinem 300 Meter langen Uferstreifen unzugängliche Privatfläche der Industriebetriebe. Durch die Terrassierung des Uferbereichs soll die Lage am Wasser hervorgehoben werden. Die neuen Gebäude bilden dabei den baulichen Rahmen, der diese Lage in besonderem Maße inszeniert. Neben den ausschließlich für Wohnzwecke geplanten Einheiten in drei- bis fünfgeschossiger Bauweise ist ein Anteil von Live/Work Units vorgesehen. (Abb. 15)

Abb. 15

7. Abschließende Betrachtungen

Abschließend möchte ich darauf eingehen, inwieweit ein design-orientiertes Planungskonzept, das auf einen ganz bestimmten Markt ausgerichtet ist, modellhafte Züge für eine zukunftsfähige Stadtentwicklung trägt.

Urban Splash leistet in vielerlei Hinsicht Pionierarbeit. Der wesentliche Beitrag ist in der Wiederbevölkerung innerstädtischer Areale zu sehen und in der Inwertsetzung lange Zeit brachliegender Flächen. Damit wird der Immobilienmarkt gleichzeitig gegen die weitere Suburbanisierung und die damit verbundene Landnahme im Landschaftsraum beeinflusst.

Die sich teilweise sehr abgrenzende Bauweise der Projekte ist vor allem noch der derzeitigen Situation geschuldet. Das Planen in häufig verlassenen und zum Teil unsicheren städtischen Arealen erklärt das Angebot von Sicherheitstechnik und die Beschränkung des Zugangs. Gleichzeitig ist diese auch Verkaufsargument, denn es wird gerade mit einem „strong sense of security" geworben.

Das Beispiel aus einer Verkaufsbroschur sagt hierzu: „The pedestrian Entrance and one vehicle entrance are monitored by cctv, linked to all the Lofts and the live-in building manager."

Es ist vielleicht stärker die Perspektive eines Produktentwicklers als die eines Städtebauers, in der *Urban Splash* auf dem Immobilien-markt in Erscheinung tritt. *Urban Splash* erhebt dabei nicht den Anspruch, die gesamtstädtische Entwicklung von Stadt unter dem Gesichtspunkt der Einbindung partizipatorischer Kräfte zu betrachten.

8. Entwicklungsperspektiven

Erst in den letzten Jahren zeichnen sich Tendenzen steigender Nach-frage ab, in zentrumsnahen Lagen zu leben. Es ist vielmehr eine Neu-entdeckung, die weniger mit der Nachfrage des lokalen Marktes als mit einer internationalen Veränderung von Beschäftigungsverhält-nissen und Lebensabläufen verbunden ist. Im Moment lasst sich die-ser Markt noch als Nischenmarkt beschreiben, denn im Verhältnis zur Gesamtbevölkerung nimmt sich der Anteil der urbanen Pioniere recht gering aus. Wenn diese Entwicklung jedoch anhält, besteht die Ge-fahr, dass bestimmte städtische Areale mehr und mehr zu Orten einer gesteigerten Kaufkraft werden, mit anderen Worten, sie entwickeln sich zu suburbanen Räumen, die die Partikularinteressen einer be-stimmten Bevölkerungsgruppe befriedigen. Was dann entsteht, sind urbane Submilieus, die, bedingt dadurch, die zwingende Entstehung anderer Milieus mit anderem Vorzeichen ausblenden.

Begegnungsdichte als Qualität wird beispielsweise kanalisiert an Orten mit entsprechenden weichen Standortfaktoren. Sie ist nicht mehr einfach nur Abfallprodukt oder das Potenzial einer Gesellschaft im Produktionsprozess, die ein weites Spektrum von Aktivitäten, durch die Verschiedenheit ihrer Bewohner, aus sich selbst oder den Umständen entstehen lässt. Vielmehr verkümmert diese räumliche Qualität zu einem Marktbestandteil für diejenigen, die einen Konsens im entsprechenden Rahmen pflegen und tragen.

Es darf dabei nicht darum gehen, die insuläre Entwicklung von Stadt als Gefahr für eine kulturelle Ausgewogenheit zu betrachten, sondern die vorhandene soziale Problematik nicht zu verdrängen. In der Erscheinungsform auf dem Wohnungsmarkt hat sich ein neues Werteverhältnis entwickelt, das den Life-Style-Faktor in den Lebens-lauf mit einbezieht. Das Design spielt dabei die wesentliche Rolle im Bezug auf die Attraktivität. Diese Form des Wohnens wie z. B. das „Loft-Living" erlaubt eine andere Form der Selbstdarstellung und Prä-sentation (Labeling), sie wird zum „Atelier" für den Lebensstil.

Ein weiterer wesentlicher Faktor ist die Kommerzialisierung und Kulturalisierung des gesamten Umfeldes, die untrennbar mit dem Prozess der Wiederbelebung der Innenstädte verbunden ist.

Meine Bewertung soll nicht zu einer moralischen Betrachtung führen, sondern ich will damit die Potenziale und Gefahren einer sol-chen Beteiligung an der Wiederbelebung des urbanen Umfeldes dar-stellen.

In der Einschätzung der Arbeiten des Unternehmens *Urban Splash* muss vor allem die besondere Situation berücksichtigt werden, in einer entleerten Stadtlandschaft mit den Projekten Pionierarbeit zu leisten. Besonders auf der Ebene des Designs und der Architektur hinsichtlich unkonventioneller Grundriss- und Gebäudetypologien hat *Urban Splash* besonders hohe qualitative Maßstäbe gesetzt.

Der Strukturwandel der Stadt Herne
von der Industrie- zur Dienstleistungsstadt

Annette Sauer-Scholta

geboren 1956
Dipl.-Ing. (FH) Architektur
Diplom 1982, FH Bochum
seit 1999 Studium der
Europäischen Urbanistik an der
Bauhaus-Universität Weimar

„Die Akademie Mont-Cenis mit visionärem Architekturkonzept als mögliches Instrument für den Prozess der aktuellen Stadtentwicklung in Europa"

Projektpartner

Akademie Mont-Cenis, Herne, D (--> Seite 12 + 26)

1. Einleitung – Energie als Synonym
Energie als Synonym für Kraft und persönliches Engagement kann auch für die Einordnung einer Region stehen, die jahrzehntelang durch Kohlebergbau und Montanindustrie geprägt wurde. Der von der IBA Emscher-Park geprägte Slogan „Der Pott kocht" macht die Mentalität und das Potenzial der Bevölkerung deutlich.

Trotz veränderter Rahmenbedingungen für die Städte und Gemeinden im Ruhrgebiet, die als „urbanes Planetensystem ohne Zentralgestirn" (Wolfgang Pehnt) nebeneinander existieren und miteinander verwachsen sind, bietet diese Agglomeration ungeahnte Chancen für die weitere Entwicklung, auch vor der Maßgabe des Strukturwandels. Unterschiedliche Stadtentwicklungsstrategien der Städte und Gemeinden, so die Einführung neuer Steuerungsmodelle (Stadtmarketing, Public-private-partnership etc.), werden als Reflexion auf die lokalen Effekte der Globalisierung verstanden. Die dafür erforderliche Energie und Hartnäckigkeit scheint in der Region vorhanden zu sein.

2. Akademie Mont-Cenis – Überblick
2.1. Reaktivierung einer postindustriellen Brachfläche
Das Areal der Akademie umfasst eine ca. 30 ha große, reaktivierte Brachfläche der ehemaligen Zeche *Mont-Cenis* in Herne, im nördlichen Ruhrgebiet gelegen. Das ehemalige Zechengelände wird als Park mit stadträumlicher Qualität verstanden, dessen Kernstück das Akademiegebäude ist. Im Süden schließt der Park an das Stadtteilzentrum Herne-Sodingen an; im Norden geht der Park über in das Landschafts- und Naturschutzgebiet Vossnacken.

2.1.1 Der Park als Landschaftsraum
Der Park als Landschaftsraum ist in Form einer Ellipse ausgebildet, gesäumt von Wald ähnlichem Bewuchs. Das Gebäude der Akademie wurde innerhalb der Ellipse diagonal angeordnet. Die noch ausste-

hende Veränderung der Straßenführung der Mont-Cenis-Straße wird den Park verkehrstechnisch erschließen. Der Endpunkt der Wegachse vom Stadtteilzentrum ist das *Belvedere*, eine geometrisch geformte Aufschüttung. Der kontaminierte Boden im Norden wurde eingekapselt und wird durch lineare Gräben entwässert. Eine Trockenvegetation und das ergänzende Wegesystem interpretieren das Thema Park neu.

Die neuen Wegeverbindungen und die Öffnung des Areals verbessern den Naherholungswert der lokalen Situation. Dies ist bemerkenswert für einen Bereich, dessen Zutritt zu Zeiten des Zechenbetriebes den Betriebsangehörigen vorbehalten war und der – wie im Ruhrgebiet oft üblich – ein isolierter Bereich im städtischen Gefüge war, eine „geschlossene Stadt" innerhalb einer Stadt. Die Vergangenheit der Zeche *Mont-Cenis*, ehemals eine der größten Zechen des nördlichen Ruhrgebietes, ist eng mit der Energie-Thematik verbunden. Die bauliche Umsetzung des Akademiegebäudes interpretiert dieses Thema durch das visionäre Architekturkonzept einer klimatischen Mikrohülle mit energetischem Konzept auf zeitgemäße Weise. Die Konstruktion der Hülle und der Einsatz fotovoltaischer Elemente dienen der Verringerung des Energiebedarfes, die gläserne Hülle des Gebäudes gilt als das größte dachintegrierte Solarkraftwerk der Welt. Der aus dem Solarkraftwerk gewonnene Strom wird in einer 1,2 MW-Batteriespeicheranlage „veredelt". Das Blockheizkraftwerk verwendet das aus der stillgelegten Zeche gewonnene Grubengas als Energieträger.

2.1.2 Integriertes Gesamtkonzept
Das integrierte Gesamtkonzept beinhaltet folgende Bereiche:
• Akademie *Mont-Cenis*;
• Energiepark mit Umsetzung eines örtlichen Energieversorgungskonzeptes;
• Landschaftspark und Erholungslandschaft;
• Stadtteilentwicklung Herne-Sodingen:
Modernisierung des Wohnungsbestandes (Ökologisches Bauen) und Wohnumfeldverbesserung,
Erweiterung und Ergänzung des Dienstleistungsangebotes,
Arrondierung des angrenzenden Gewerbegebietes.

3. Projektbeschreibung
3.1. Projektgeschichte
• Von 1871 bis 1978 wird auf der Zeche *Mont-Cenis* Kohle abgebaut. Die Bergbauingenieure Josef Monin, Marseille, und Franz August Viviers, Lyon, sind die ersten Betreiber der Zeche.
• 1978 wird die Zeche mit angrenzender Kokerei stillgelegt.
• 1990 beantragt die Stadt Herne, das Projekt „Stadtteilzentrum und Fortbildungsakademie" zur Aufnahme in das Programm der IBA Emscher-Park.
• 1991 veranstalten das Land NRW und die IBA Emscher-Park einen Wettbewerb zur Errichtung der Fortbildungsakademie des Innenministeriums des Landes NRW. Wettbewerbssieger ist das Architektenteam Jourda et Perraudin, Lyon. In der Überarbeitungsphase und in der Bauausführung wird das französische Team durch das Architekturbüro Hegger, Hegger & Schleiff, Kassel, unterstützt sowie durch die Ingenieure Ove Arup & Partners, London, und Agibat MIT.

• 1993 wird der Forschungsauftrag der Europäischen Gemeinschaft vergeben, die Durchführung eines neuen Umweltkonzeptes wissenschaftlich zu untersuchen. Eine computersimulierte Machbarkeitsstudie bestätigt die Möglichkeit der Realisierung der „mikroklimatischen Hülle". Gleichzeitig wird überlegt, in das Dach der Glashülle ein „Solarfeld" einzubeziehen.
• 1996 beginnt die Ausführungsplanung unter Beteiligung von HL-Technik und Schlaich Bergermann & Partnern, nach dem Ausscheiden von Ore Arup & Partners, London.
• 1997 beginnen die Bauarbeiten.
• 1999 wird der Gebäudekomplex fertig gestellt und innerhalb des IBA-Finales im Oktober '99 präsentiert.

3.2. Visionäre Architektur
Die „Mikro-Klima-Hülle" dient zur Verbesserung der klimatischen Umgebung und schafft durch seine vor Regen und Wind schützende Glashülle neue räumliche Qualitäten. Der transparente Baukörper mit 170 Metern Länge, 75 Metern Breite und einer Höhe von 15 Metern lässt das Gebäude als organische Umhüllung der Innenhäuser erscheinen.

Die architektonische Konzeption wurde um die Komponenten Landschaft und Klima als weitere Architekturelemente erweitert. Das architektonische Konzept beinhaltet die Geometrie der Wirksamkeit, die Geometrie der Funktion und die natürliche Gestaltung der Landschaft. Das Glashaus versteht sich als „High-Tech", die Innenhäuser als „Soft-Tech", die Landschaft dagegen als „Natur". Das Konzept der gläsernen Umhüllung sieht vielfältige Funktionen innerhalb des witterungsgeschützen Raumes vor. Es entstehen zwischen den „Innenhäusern" und dem „halböffentlichen Raum" räumliche Situationen, die die umschließende Hülle miteinander verbindet; ein Innen-Außen-Raumgefüge. Die Innenhäuser bestehen aus zwei- und dreigeschossigen Containern und sind mit Oberflächen versehen, die einem Innenraum entsprechen, da sie keinen direkten Witterungseinflüssen ausgesetzt sind. Die Bibliothek hat die Form eines Kegelstumpfes, der sich über die verschiedenen Ebenen konisch verjüngt.

In den Innenhäusern ist die Fortbildungsakademie des Innenministeriums des Landes NRW untergebracht: mit verschiedenen Veran-
staltungs- und Seminarräumen, mit dem Hotelbereich als Nutzungs-
ergänzung der Fortbildungsakademie, mit dem ebenerdigen Casino
(Restaurant, Cafeteria und Terrasse), mit dem Bürgersaal als neutra-
lem Mehrzweckraum und mit dem Stadtteilzentrum mit seinen kommunalen Einrichtungen (Einwohneramt, Bürgeramt, Jugend- und
Sozialamt, Beratungsstelle der Stadtwerke Herne). Die Integration
der Ämter in das Gebäude dient der Förderung der Bürgernähe und
soll Akzeptanz schaffen. Ein wichtiges Planungskriterium ist die be-
hindertengerechte Ausstattung des Gebäudes; mit schwellenfreier
Zugänglichkeit, Leitstreifen und Tastmodellen, Blindenschrift-Beschil-
derung und akustischen Signalen wird man diesem Anspruch gerecht.
Ein Grün- und Freiraumkonzept lassen die Akademie als Gesamt-
ensemble erscheinen.

3.2.1 Konstruktion
Die Auswahl der Baustoffe erfolgte unter ökologischen Aspekten,
mit den Schwerpunkten: recyclingfähig und nachhaltig. Die vorwiegend verwendeten Baustoffe sind Holz und Glas. Beton wurde zur
konstruktiven Ausbildung der Innengebäude verwendet. Auf die Verwendung von Verbundbaustoffen wurde weitestgehend verzichtet.
Das Tragwerk der Glashülle wird aus 62 Baumstämmen gebildet, die
aus 130 Jahre alten Fichten bestehen und aus dem nahe gelegenen
Sauerland stammen. Zusätzliche Holz-Rechteckprofile in Verbindung
mit Stahlseilen und Stahlknoten sorgen für die Stabilität des Trag-
systems: Die Primärstruktur bilden die massiven Holzstützen (Baum-
stämme) mit gegossenem, stählernem Stützenfuß und Stützenkopf,
verbunden mit einem horizontalen Holzfachwerkträger mit 1%igem
Gefälle; die Sekundärstruktur bilden unterspannte Holzträger. Die
Fassadenkonstruktion besteht aus einem System hölzerner Haupt-
fassadenpfosten in einem Raster von 1,20 m, die am Fußpunkt in
einer Stahlverankerung eingespannt sind.
    Die Glashülle ist als Einfachverglasung ausgeführt; im Dach und an
der Westfassade mit integrierten Fotovoltaikzellen. Die Innenhäuser
sind in unterschiedlicher Form in Betonbauweise errichtet worden;
die Betonkonstruktion dient als Wärmespeicher und zum Temperatur-
ausgleich.
    Die Tragstruktur des Hotels sind tragende Betonschotten; die
Fortbildungsakademie wurde in einer Stahlbeton-Skelettbauweise
ausgeführt. Der Bürgersaal, die Bibliothek und das Casino wiederum
sind in Holzbauweise errichtet worden. Der hohe Vorfertigungsgrad
und die Wahl heimischer Baumaterialien haben zur Verkürzung der
Bauzeit und zum sparsamen Verbrauch von Primärenergie beigetra-
gen.

3.2.2 Energiekonzept
Die Glashülle beinhaltet ein 1-Megawatt-peak-Solarkraftwerk, das
auf dem Glasdach und auch im oberen Teil der Süd-West-Fassade
eingebaut wurde. Insgesamt ergibt sich eine Gesamtfläche von
14.000 m², die mit Silizium-Modulen bestückt ist. Bei unterschiedlich
dichter Belegung entstehen, im Innenraum wahrnehmbar, „Wolken-
bilder" und Tageslichtkontraste. Die Stromerzeugung wird durch 600
modulare Wechselrichter erreicht; der Solarstrom wird in Wechsel-
strom umgewandelt.

Die Stromausbeute liegt zwischen 192 und 416 peak. Die passive Ausnutzung der Sonnenenergie erfolgt in Abhängigkeit der Jahreszeiten, was zu einer „klimatischen Verschiebung" des Innenraumklimas führt. Ein mediterranes Klima, das „Nizza-Klima", entsteht, indem die hier regional beeinträchtigenden Faktoren wie Regen und Wind ausgeschaltet sind.

3.3. Ziel des Projektes: Neue Mitte für den Stadtteil Herne-Sodingen
Über fast ein Jahrhundert prägte die Zeche *Mont-Cenis* den Stadtteil Herne-Sodingen, das ehemalige Amt Sodingen.
• 1871 erfolgte der Spatenstich zur Errichtung der Zeche *Mont-Cenis*.
• 1893 und 1905 folgten Kohlenwäsche und Kokerei.
• 1890 bis 1900 vervierfachte sich die Einwohnerzahl Sodingens von 990 auf 4.037.
• 1975 förderte Mont-Cenis als eine der größten Zechen der Region 1 Mio. Tonnen/Jahr.
• 1978 kommt es dennoch zur Stilllegung der Zeche; mit der Stilllegung verliert Sodingen seinen wirtschaftlichen, funktionalen und städtebaulichen Mittelpunkt.

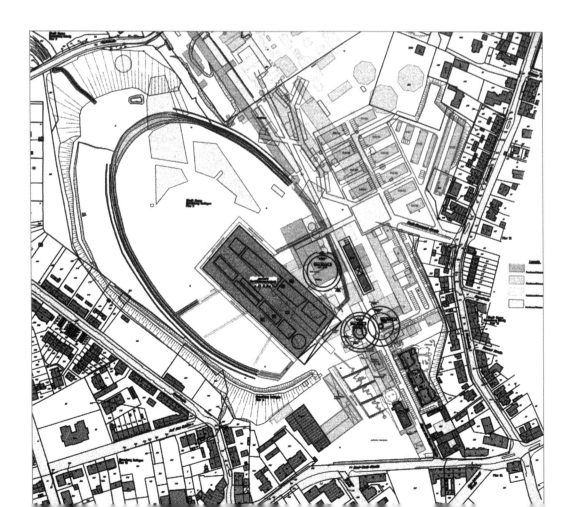

An der Stelle der ehemaligen Fördertürme wurde die Akademie *Mont-Cenis* errichtet, die dem Stadtteil Sodingen eine neue Mitte geben und zur Wiederbelebung des Stadtteils beitragen soll.

250 neue Wohneinheiten, ein Kindergarten, das Stadtteil-Rathaus und weitere öffentliche Einrichtungen in der Akademie (Bibliothek, Bürgersaal etc.) und die Wiederbelebung des großzügigen Marktplatzes haben die Wiederbelebung Sodingens mit erhöhter Lebens- und Wohnqualität zum Ziel.

4. Projektpartner – Public-Private-Partnership
4.1. Entwicklungsgesellschaft Mont-Cenis – EMC
1994 wird das Gelände der ehemaligen Zeche *Mont-Cenis* in Herne-Sodingen per Gesellschaftervertrag mit der Stadt Herne und mit der neu gegründeten Entwicklungsgesellschaft EMC als Sanierungsgebiet ausgewiesen. Die Entwicklungsgesellschaft EMC hat mit der Stadt Herne einen Sanierungsträger-Vertrag (public-private-partnership), der folgende Tätigkeitsbereiche umfasst:
• Reaktivierung und Vermarktung der vorhandenen Brachflächen (ca. 30 ha),
• Maßnahmen zur Altlastenentsorgung (Emissionen und Immissionen),
• Entwicklung einer Infrastruktur auf dem Grundstück bis zur „Baureife",
• Umbau der Mont-Cenis-Straße.

Mit dem Land NRW, der Stadt Herne und der EMC wird ein Bauherrenvertrag abgeschlossen, der außerhalb der Kommunalprojekte die Kompetenzen und Zuständigkeiten klärt und folgende Bereiche beinhaltet:
• Erwirtschaftung von Fördermitteln für das Gesamtkonzept (Land NRW 42,0 Mio. DM/Stadt Herne 11,4 Mio. DM),
• Umsetzung des Wettbewerbsentwurfes seitens des Bauherren,
• Erstellung eines Architekturkonzeptes,
• Erstellung eines Grünkonzeptes,
• Erstellung eines Energiekonzeptes.

Nach Abschluss der definierten Tätigkeitsbereiche wird die Entwicklungsgesellschaft EMC aufgelöst werden. Alle Beteiligten sind parallel Angestellte der Stadt Herne oder anderer Firmen und übernehmen, anteilig zu ihren sonstigen Aufgaben, Funktionen innerhalb der Entwicklungsgesellschaft. Die beiden Geschäftsführer sind Jan B. Terhoeven, Stadtbaurat der Stadt Herne, und Udo Risse von der Gesellschaft für Projektmanagement und Grundstücksentwicklung mbh (GPE) in Dortmund. Die bauordnungs- und planungsrechtliche Kompetenz wie auch die wirtschaftlichen Marketingkonzepte werden auf der Geschäftsführerebene reglementiert. Das fachliche „know-how" liefern im kaufmännischen und technischen Bereich Detmar Kühl und Robert Bures.

4.2. Betriebsgesellschaft Mont-Cenis/BAMC
Seit Oktober 1999 besteht die Betriebsgesellschaft Akademie *Mont-Cenis* BAMC, deren Aufgabe sowohl das Gebäudemanagement als auch die Vermarktung der Akademie *Mont-Cenis* ist.

Stadtentwicklung Völklingen und „Zukunftsprogramm Rosseltal"

Alexander Schenk

geboren 1973
Dipl.-Ing. Landschaftsarchitektur
Diplom 1997, TU München-
Weihenstephan
seit 1999 Studium der
Europäischen Urbanistik an der
Bauhaus-Universität Weimar

1. Einleitung
2. Profil der GIU
   2.1 Geschichte
   2.2 Rechtsform
   2.3 Qualitätsmanagement und Aufgabenfelder
   2.4 Organisationsstruktur
3. Eigener Tätigkeitsbereich: Stadtentwicklung Völklingen und „Zukunftsprogramm Rosseltal"
   3.1 Situationsbeschreibung
   3.2 Neuere Entwicklung
   3.3 Machbarkeitsstudie „Zukunftsprogramm Rosseltal"
4. Bibliografie

Projektpartner

GIU Gesellschaft für Innovation und Unternehmensförderung mbH, Saarbrücken, D (--> Seite 12 + 22)

1. Einleitung (Abb. 1)

Das 2.570 m² kleine Saarland ist Wohnort von gut 1% der Deutschen. Kein anderes europäisches Gebiet war seit der industriellen Revolution wegen seiner wirtschaftlichen Bedeutung so oft Zankapfel zweier Nationen. Die gemeinsame Grenze mit Lothringen und die wechselnde Zugehörigkeit zu Deutschland bzw. Frankreich hat in der Bevölkerung ein bikulturelles Verständnis wachsen lassen. Dabei erweist sich die ehemalige Monostruktur der Montanindustrie heute als schwere ökonomische Hypothek. Jedoch vollzieht sich im Saarland ein Wandlungsprozess zum Dienstleistungsstandort. Die Landeshauptstadt Saarbrücken, die mit dem Stadtverband als dem Wohnsitz eines Drittels der Saarländer eine dominierende Stellung einnimmt, spielt dabei u. a. durch die GIU Gesellschaft für Innovation und Unternehmensförderung mbH eine bedeutende Rolle.

Abb. 1: Das Burbacher Hüttengelände (M ca. 1:40.000) um 1989 zwischen den Saarbrücker Stadtteilen Burbach und Malstatt liegt direkt am Infrastrukturband des Saartales, wo sich Wasserstraße, Autobahn und Schienenwege akkumulieren.

2. Profil der GIU (Abb. 2–4)

2.1 Geschichte

Mehr als ein Jahrhundert lang engten die Burbacher Eisenwerke die Entfaltung der Saarbrücker Innenstadt in Richtung Westen (Malstatt, Burbach) ein. In bester Lage an der Saar bildete das rund 60 ha große Hüttengelände mit seinen Hochofenanlagen, Kokereien, Benzol- und Ammoniakfabriken, Kohlen-, Öl- und Schlammlagern einen gewaltigen Komplex, an dem Stadtentwicklung und Gewerbeflächenexpansion eine unüberwindliche Grenze fanden. Über diesen Zeitraum war einem Großteil der Bevölkerung der Zugang zu den Flächen verschlossen (vgl. Abb. 1).

Die Stilllegung des größten Teils der Hüttenanlagen 1982 bot daher bei allen negativen Begleiterscheinungen die Chance, dieses Areal mit seiner strategisch herausragenden Bedeutung für die zukunftsorientierte Entwicklung der Stadt zu nutzen. Nach jahrelangen konzeptionellen Vorarbeiten durch die Stadt Saarbrücken kam das Projekt 1995 mit der Gründung der GIU „Gesellschaft für Innovation und Unternehmensförderung mbH & Co. Flächenmanagement Saarbrücken KG" in die entscheidende Phase. In einem intensiven Planungsprozess, in dem städtebauliche Perspektiven, wirtschaftliche Zielsetzungen, ökologische Konzepte zusammenflossen, entstand ein Gesamtkonzept.

Abb. 2: Blick über die Saarmesse um 1950 über die Saar in Richtung Nordwesten zur Burbacher Hütte analog obigem Kartenausschnitt.

Das ehemalige Hüttengelände wird zu einem neuen, gewerblich geprägten Stadtteil revitalisiert. Zur Verankerung dieser neuen Funktionalität im Bewusstsein der Menschen wurde ein neuer Name für das Areal kreiert: Die SAARTERASSEN.

Projektziel ist es, Wohnen und Arbeiten, Kunst und Kultur, Freizeit und Konsum sowie soziale und wirtschaftliche Aspekte in einem thematisch übergreifenden Nutzungskonzept miteinander zu vereinen. Eine Vielzahl von Einzelprojekten (Wohneinheiten, Gewerbehöfe, Bürozeilen, Kunst- und Kulturzentren, Fachmarktzentrum und Erlebnisbereich, Kindergarten und Rekreationsbereiche) werden zu einem Ganzen zusammengefügt. Insbesondere ökologische Aspekte fließen in die Flächenrevitalisierung ein. Die Altlastensanierung wird auf der Basis neuester Erkenntnisse durchgeführt. Zusammen mit der Erschließung werden dafür von der GIU unter Einbindung von Zuschüssen mehr als 60 Mio. DM investiert. Private Investoren werden über 500 Mio. DM in eigene Bauvorhaben einbringen. Gemeinsam mit dem Saarbrücker Innovations- und Technologiezentrum SITZ waren die SAARTERASSEN als dezentrales Projekt für die Weltausstellung EXPO 2000 zugelassen.

Abb. 3+4: Die ehem. Elektromotorenzentrale auf den Saarterrassen vor und nach der Sanierung.

2.2 Rechtsform (Abb. 5+6)

Die GIU Gesellschaft für Innovation und Unternehmensförderung mbH selbst wurde bereits 1984 von der Landeshauptstadt Saarbrücken als Wirtschaftsförderungsgesellschaft gegründet und hat heute ihren Sitz auf den SAARTERASSEN. Sie besitzt ein Stammkapital von 4,6 Mio. DM und beschäftigt derzeit ca. 30 Mitarbeiter, Tendenz steigend. Aufsichtsratsvorsitzender ist der Oberbürgermeister der Landeshauptstadt Saarbrücken. Die 1995 gegründete Gesellschaft für Innovation und Unternehmensförderung mbH und Co. Flächenmanagement Saarbrücken KG, deren Kommandistin Saarbrücken ist, verfügt über ein Stammkapital von 28,8 Mio. DM.

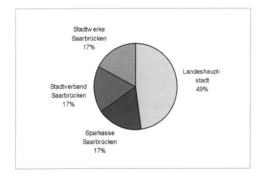

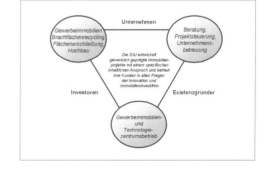

Abb. 5+6: Die Gesellschafter und die Unternehmenspolitik der GIU mbH

Abb. 7+8: Die Saarterrassen nach dem Ende der Burbacher Hütte und während der ersten Bauphase 1997.

Abb. 9: Das Expomediagebäude als Teil des Medienzentrums ist die exklusivste Einzelimmobilie der GIU auf den Saarterrassen.

Abb. 10: Das Gelände der Völklinger Hütte mit Blasstahlwerk im Saarbogen. Im Nordosten die Stadt Völklingen, links oben im Nordwesten die markanten Schlackenhalden „Hermann und Dorothea". Maßstab ca. 1:50.000

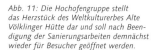

Abb. 11: Die Hochofengruppe stellt das Herzstück des Weltkulturerbes Alte Völklinger Hütte dar und soll nach Beendigung der Sanierungsarbeiten demnächst wieder für Besucher geöffnet werden.

2.3 Qualitätsmanagement und Aufgabenfelder (Abb. 7–11)

Die GIU ist im Qualitätsmanagementsystem erfasst und erfüllt damit die Qualitätsanforderungen nach DIN EN ISO 9001. In der Grundsatzerklärung zur Qualitätspolitik der GIU heißt es u. a.:

„Die GIU entwickelt, managt und vermarktet gewerblich geprägte Immobilienprojekte mit einem spezifischen inhaltlichen Anspruch für öffentlich-rechtliche und private Kunden. Sie berät und betreut ihre Kunden bei Wirtschaftsförderungs-, Innovations- und Investitionsvorhaben. Alle Beratungs- und Betreuungsleistungen haben zum Ziel, Kundenkontakte aufzubauen, zu festigen und mögliche gemeinsame Vorhaben umzusetzen. Das Gesamtziel der GIU liegt darin, alle Kundenprojekte im vorgegebenen Zeit- und Kostenrahmen abzuschließen, stets qualitativ hochwertige Arbeitsergebnisse zu leisten und damit den erarbeiteten Wirtschaftsplan möglichst vollständig (+/-10 %) zu erfüllen."

Das Tätigkeitsfeld der GIU umfasst somit das Projektmanagement im Bereich der Wirtschaftsförderung. Sie entwickelt hochwertige Gewerbestandorte und individuelle Immobilienadressen. Seit ihrer Gründung hat sich die GIU von einer örtlichen Wirtschaftsförderungsgesellschaft zu einer überregional aktiven Projektgesellschaft entwickelt. Strategie der GIU ist es, eine am Gemeinwohl ausgerichtete, regionale Strukturpolitik umsetzungsorientiert und wirtschaftlich effizient zu betreiben. Damit unterscheidet sich die GIU von den Projektentwicklern, die mit größeren Unternehmen aus dem Immobilienbereich verbunden sind. Um diesen Spagat zu meistern, versteht sich die GIU als „Full-Sevice-Partner" und bietet Leistungen in folgenden Arbeitsbereichen:

• *Projektentwicklung für Gewerbestandorte:* Facility- und Technologiezentrumsmanagement, Beratung und Betreuung, Vermietung und Verkauf von Gewerbeimmobilien, (Beispiele: Saarterrassen, Bahnhof und Bahnausbesserungswerk Burbach u.a.);

• *Technologiezentren:* Saarbrücker Innovations- und Technologiezentrum (SITZ), ein Dienstleistungszentrum für technologieorientierte Unternehmen;

• *Science Park Saar:* Technologiezentrumskomplex für Existenzgründer nahe der Universität des Saarlandes;

• *Beratung und Betreuung:* Saarbrücken 21: Neugestaltung des Bahn-
hofsumfeldes im Zuge der geplanten TGV-ICE-Verbindungen nach
Saarbrücken;
• *Eurozone:* Grenzüberschreitendes Gewerbegebiet;
• *Leitlinien der Stadtentwicklung Völklingen:* Lösungsansätze der
Strukturprobleme der Stadt im Zusammenhang mit dem
Weltkulturerbe Völklinger Hütte;
• *Kinoinitiative Nordrheinwestfalen:* Angebote an Filmtheaterbesitzer
zum Erhalt der „Kinolandschaft";
• *Gewerbeimmobilien:* Verkauf und Vermietung.

2.4 Organisationsstruktur

Circa 30 Mitarbeiter sind in den folgenden Funktionsbereichen tätig:
• Die Geschäftsleitung wird von zwei Geschäftsführern gemeinsam
wahrgenommen.
• Im administrativen Bereich werden projektübergreifende interne
und kundenbezogene Beratungs-, Vertriebs- und Verwaltungs-
aufgaben bearbeitet.
• Im Projektmanagement werden Projekte definiert und abgewickelt.
• Der Bereich Service und Dienste arbeitet dem administrativen
Bereich und dem Projektmanagement zu.

3. Eigener Tätigkeitsbereich im Rahmen meiner Arbeit bei der GIU: Stadtentwicklung Völklingen und „Zukunftsprogramm Rosseltal"

3.1 Situationsbeschreibung (Abb. 12–14)

Die 43.000 Einwohner zählende Stadt Völklingen ist trotz starker
Einbrüche und einschneidendem Strukturwandel mit ihrem Schicksal
bis heute eng mit der Montanindustrie verbunden, die u. a. durch
das Blasstahl- und Walzwerk der Saarstahl AG immer noch größter
Arbeitgeber ist. Der Rückzug der Montanindustrie und die Vielzahl
der Industriebrachen schwächen die Attraktivität der Stadt für Investoren, weil zudem kaum Flächenangebote für gewerbliche Ansiedlungen zur sofortigen Verfügung stehen. Besondere Anstrengungen
sind zur Revitalisierung der Innenstadt Völklingens und des Stadtteils
Wehrden auf der anderen Saarseite erforderlich, die infolge des
Strukturwandels mit einem Rückzug des Einzelhandels bzw. Leer-
ständen und einem Überangebot an Ladenlokalen zu kämpfen haben.

3.2 Neuere Entwicklung (Abb. 15–17)

Mit Vertretern der Stadt, des MfU und des Weltkulturerbes entwickelte die GIU sog. Leitlinien für die Stadtentwicklung Völklingen.
Dafür wurden die städtischen Planungen und Gutachten diskutiert
und über konkrete Ansatzpunkte für die künftige Stadtentwicklung
nachgedacht. Mit dem Weltkulturerbe *Alte Völklinger Hütte* ist wegen
seines überregionalen Bekanntheitsgrades und touristischen bzw. kul-
turwirtschaftlichen Potenzials wohl die wichtigste strukturpolitische
Chance für die Stadtentwicklung gegeben. In einer Studie mit Hand-
lungsempfehlungen zur Vorbereitung der eigentlichen Projektentwicklung bezog man konkrete Einzelprojekte ebenso mit ein, wie
mehrdimensionale Strategien, deren Durchführung mit Hilfe besonderer Aktionsformen z. B. des Programms „Soziale Stadt" oder des
Stadtmarketings erfolgt. Dabei schlug die GIU eine sog. „Europäische
Gartenschau" vor, die das Weltkulturerbe zusammen mit der
Industriekulturlandschaft *Petite Rosselle* und dem *Carreau Wendel*
auf lothringischer Seite in der gestalteten Landschaft präsentiert.

*Abb. 12–14: Das Weltkulturerbe Völk-
linger Hütte (oben) und der Stadtteil
Wehrden mit Kraftwerk und Kokshalden.*

*Abb. 15: Lothringen: Carreau Wendel
(Wendelschächte) mit sanierter Aus-
stellungshalle.*

Abb. 16: Der bis zu 12m infolge Berg-
senkungen abgesackte Talgrund der Rossel
zwischen Völklingen und Großrosseln ist
seit kurzem wieder aufgefüllt und die
Verkehrsinfrastrukturen saniert.

Abb. 17: Neue Wirtschaftsstandorte auf Industriebrachen: Die ehemalige Kokerei und Raffinerie
Fürstenhausen.

Abb. 18: Das ehemalige Kaufhofgebäude
in Völklingen steht heute leer: Folgen der
Abwanderung und des Kaufkraftverlustes.

Diese Europäische Gartenschau soll als strukturpolitisches Instrument
zur Steigerung des Aufmerksamkeitswertes für den internationalen
Tourismus, als Grundlage für neue wirtschaftliche Aktivitäten und als
Beitrag zur Steigerung der Lebensqualität der Menschen in der Region
verstanden werden. Einbezogen in die Konzeption war der stark
durch Bergbau beeinträchtigte Fluss Rossel. Er verbindet beide
Standorte, die durch eine langfristige Kooperation hinsichtlich Groß-
veranstaltungen und abgestimmter Bauprogramme die sich ergeben-
den Synergieeffekte optimal ausnutzen sollen. Nach der positiven
Reaktion aller Beteiligten zum Vorschlag eines *Europäischen Landschaftspark Rosseltal* stand die Evaluation möglicher Handlungsfelder
und besonders die Kontaktaufnahme mit den neben Völklingen betroffenen Gemeinden Großrosseln auf deutscher und *Petite Rosselle*,
Forbach und Freyming-Merlebach auf französischer Seite im Vordergrund. Auch der District Forbach, der Stadtverband Saarbrücken und
die französische Projektentwicklungsgesellschaft EPML mussten einbezogen werden. Ziel waren die inhaltliche Vorstellung der Machbarkeitsstudie und eine Absichtserklärung der Politiker am 6. September
2000.

3.3 Machbarkeitsstudie „Zukunftsprogramm Rosseltal" (Abb. 18–20)
Sieben Handlungsfelder stellte die Machbarkeitsstudie des „Zukunfts-
programmes Rosseltals" zunächst vor:
• Großprojekte der Industriekultur,
• Stadtteilentwicklung – Wehrden,
• Landmarken – Industriegeschichte – Ortsgeschichte,
• Neue Wirtschaftsstandorte auf Industriebrachen,
• Innenstadtentwicklung: Erneuerung der Stadtzentren,
• Ortsentwicklung Großrosseln,
• Freizeit und Tourismus in der Gruben- und Haldenlandschaft.

Grundsatz der grenzüberschreitenden Zusammenarbeit in den auf
fünf reduzierten Handlungsfeldern war die Gleichgewichtigkeit der
Projekte, verdeutlicht durch fünf deutsch-französische Projektpaare,
ein gestaffelter Zeitplan, der ein etappenweises Vollenden bis ca.
2010 ermöglichen soll, und das jeweils geltende nationale Recht.
Übergreifende Arbeitsfelder sind Bereiche wie Infrastruktur und
Umwelt (besonders die Verbesserung der Wasserqualität der Rossel).

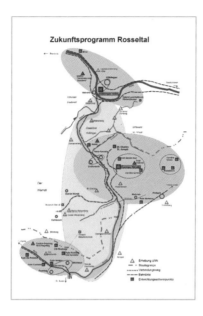

Abb. 21:
Übersichtsgrafik vom September 2000

Man verpflichtete sich, alles zu unternehmen, um die auf ca. 300 Mio. DM geschätzten nötigen Finanzmittel auf den jeweiligen politischen Ebenen (z. B. Interreg III) zu sichern. Wichtig ist die Einigung der politisch Verantwortlichen auf eine Koordinierungsinstanz, der sog. *Cellule d'animation*, die in ihrer deutsch-französischen paritätischen Besetzung vermittelnd, beratend und empfehlend zwischen den verschiedenen politischen Ebenen, Projektbeteiligten und der Öffentlichkeit tätig sein soll.

Der Entwurf der Machbarkeitsstudie wurde im Februar 2001 Politik und Öffentlichkeit präsentiert. Gerade wegen der geschichtlich genährten Vorbehalte auf lokaler Ebene im Saarland und in Lothringen und des unterschiedlichen Staatssystems kann das Strukturprogramm bzgl. der gemeinsamen ökonomischen Probleme als richtungsweisend bezeichnet werden. (Abb. 21)

Abb. 19+20: Lothringen-Merlebach:
Die Arbeitersiedlungen Cité Hochwald (o.)
liegt unmittelbar neben der Cité Reumaux
(u.), jedoch sind die Häuser durch den
Verkauf an Privatbesitzer durch Anbauten
und Sanierungsmaßnahmen nicht mehr
den ursprünglichen gleichartigen Arbeiter-
häusern entsprechend umgestaltet worden
oder sie stehen leer.

4. Bibliografie
- Leitlinien der Stadtentwicklung Völklingen, GIU 1999
- Integriertes Entwicklungskonzept der Stadt Völklingen GIU 2000
- Soziale Stadt Wehrden GIU 2000
- Machbarkeitsstudie „Strukturprogramm Rosseltal", GIU und EPML 2001
- Broschüren der GIU

Bildnachweis
- Abb. 2: Stadtarchiv Saarbrücken
- Abb. 3, 4, 5, 6, 7, 8, 9, 14, 18: GIU
- Sonstige Abb.: Eigene Bilder und Grafiken,
- Media Team GmbH: Wirtschaftsstandort Saarbrücken, Saarbrücken 1999
- Landesvermessungsamt Saarbrücken: Topografische Karte 1:25.000, 1989

Das Ö – Ein Nachhaltigkeitszentrum in Hamburg-Altona

Karen Steinhauer

geboren 1968
Dipl.-Ing. (FH) Architektur
Diplom 1999, FH Konstanz
seit 1999 Studium der
Europäischen Urbanistik an der
Bauhaus-Universität Weimar

Projektpartner   Neuwerk Consult GmbH, Hamburg, D (--> Seite 13 + 30)

1. Einleitung

Agenda 21: Die Konferenz der Vereinten Nationen für Umwelt und Entwicklung im Juni 1992 in Rio de Janeiro spricht im Teil 1 *Soziale und Wirtschaftliche Dimensionen* einen wesentlichen Punkt an: die Förderung einer nachhaltigen Siedlungsentwicklung. Alle Welt spricht seither von nachhaltiger Entwicklung und Nachhaltigkeit. Doch was bedeutet nachhaltige Siedlungsentwicklung in einer Zeit zunehmender Globalisierung, die sich durch hohe Überbevölkerung, Ressourcenausbeutung und Umweltverschmutzung, hoch beschleunigte Innovationsprozesse sowie die Transformation in eine weltweite Informations- und Wissenschaftsgesellschaft auszeichnet?

Eine konkrete Antwort zur Nachhaltigkeit formuliert unter dem Aspekt der Glokalisierung das Projekt Nachhaltigkeitszentrum in Hamburg. Dieses Projekt gehört zu einem stadtplanerischen Wettbewerb *Regionen der Zukunft – regionale Agenden für eine nachhaltige*

Raum- und Siedlungsentwicklung, bei dem zukunftsfähige Modellprojekte einer nachhaltigen Regionalentwicklung erarbeitet werden sollen.

Im Folgendem wird ein Überblick gegeben über das Projekt, die Projektbeteiligten sowie über die Projektgeschichte und deren Verlauf im Rahmen des Wettbewerbs *Regionen der Zukunft* der Metropolregion Hamburg. Die Projektidee ist, einen Gebäudekomplex aus einem ökologischen Handwerks-, Einkaufs- und Kompetenzzentrum mit außergewöhnlichen Branchenmix überregionaler Bedeutung zu erschaffen. Unterstützt wird der Grundgedanke zum Nachhaltigkeitszentrum durch die Ausgestaltung eines Leitbildes nachhaltiger Entwicklung, welches die Aspekte Ökologie, Ökonomie und Soziales miteinander vereinen soll. Das Ziel des Projekts ist dabei die direkte Umsetzung der Agenda 21 vor Ort, die eine nachhaltige Konzeption in Bezug auf Umwelt, Ressourcen, Baumaterialien sowie ein sinnvoll eingesetztes Energiekonzept mit sich bringt.

2. Wettbewerb
„Regionen der Zukunft – regionale Agenden für eine nachhaltige Raum- und Siedlungsentwicklung"

Regionen in ganz Deutschland stellen sich einem stadtplanerischen Wettbewerb, in dem sie innovative Ansätze sowie zukunftsfähige Modellprojekte einer nachhaltigen Raum- und Siedlungsentwicklung erarbeiten. Die mit Agenda 21 (1992) und Habitat II (1996) definierte nachhaltige Entwicklung wird von den Städten und Gemeinden als Handlungsakteure umgesetzt. Die daraus entstehenden lokalen Handlungsansätze fördern den Dialog von Kommunen und Bürger/Innen, die interaktiv die local agenda erarbeiten und realisieren. Gleichwohl betreffen viele ökologische, soziale und ökonomische Probleme nachhaltiger Entwicklung nicht nur die kommunale Ebene. So gehören Siedlungs- und Flächenentwicklung, Verkehrsbeziehungen und Material- und Energieflüsse bereits zur regionalen Ebene. Der Wettbewerb *Regionen der Zukunft* wurde als Modellvorhaben der Bundesforschungsanstalt für Landeskunde und Raumordnung im Auftrag des Bundesministeriums für Raumordnung, Bauwesen und Städtebau durchgeführt. Dieser Wettbewerb bietet die Chance, Raumordnung neuartig, aktiv und stärker als Prozess- und Projektorientierung zu verstehen. 26 Regionen suchen nach Handlungsansätzen zur Mobilisierung einer nachhaltigen Entwicklung und Instrumentenkonstellationen sowie nach neuen strategischen Allianzen. Eine referats- und fachübergreifende Projektgruppe des Bundesamtes für Bauwesen und Raumordnung steht als fachliche Begleitung jederzeit zur Verfügung (u. a. Startworkshops). Regelmäßige Publikationen über den Stand der Dinge sowie Öffentlichkeitsarbeit (Erfahrungsaustausch) unterstützen den Prozess. Ziel ist es dabei, mehr Effizienz und Effektivität durch die Entwicklung positiver Synergien sowie die Vermeidung von Doppelarbeiten zu erreichen. (Expertise: gute Beispiele liefern Erfolgskriterien). Die Modellvorhaben konzentrieren sich auf folgende sechs thematische Schwerpunkte:

1. Städtenetze, 2. Regionalkonferenzen, 3. Sanierung und Umstrukturierung umweltbelasteter Regionen, 4. Regionen der Zukunft – regionale Agenden für eine nachhaltige Raum- und Siedlungsentwicklung, 5. vorbeugender Hochwasserschutz und 6. transnationale Zusammenarbeit auf dem Gebiet der Raumordnung.

Abb. 1: Teilnehmer am Ideen- und Realisierungswettbewerb „Regionen der Zukunft", 1998.

Die vom Auslober vorgegebenen Ziele einer nachhaltigen Raum- und Siedlungsentwicklung beziehen sich im Wesentlichen auf Ökologie, Ökonomie und Soziales. Ökologische Ziele bedeuten Reduzierung der Freiflächen für Siedlungszwecke, Förderung lokaler und regionaler Stoffströme und Energieflüsse, sparsame Nutzung nicht regenerierbarer Rohstoffe und Energiequellen sowie Reduzierung der Abgabe von Schadstoffen/Emissionen in die Natur. Soziales Ziel ist die gleichberechtigte Beteiligung und Berücksichtigung der Interessen aller regionalen Akteure und Bevölkerungsgruppen. Ökonomische Ziele erfordern die Sicherung und Schaffung regionaler Arbeitsplätze in innovativen, umweltorientierten Betrieben und die Erhaltung und Verbesserung der finanziellen Handlungsspielräume der öffentlichen Hand.

Auf der Weltkonferenz zur nachhaltigen Stadt- und Siedlungsentwicklung URBAN 21 in Berlin im Juli 2000 prämiert der damalige Verkehrsminister Klimmt 25 *Regionen der Zukunft*, folgende mit dem ersten Platz: Cham, Freiburg-Breisgau-Hochschwarzwald-Emmendingen, Großraum Braunschweig, Kooperationsraum Bodensee-Oberschwaben, Metropolregion Hamburg, Modellregion Märkischer Kreis, Rhön und Wirtschaftsregion Chemnitz-Zwickau. (Abb. 1)

3. Metropolregion Hamburg im Wettbewerb
3.1 Die Kerngedanken des Wettbewerbsbeitrages:
a. Größe und Vielfalt der Region spiegeln sich in der entsprechenden Vielfalt bei Strategien und Projekten. Nachhaltigkeit wird jedoch als Gemeinschaftswerk der ganzen Region gesehen.
b. Die Region möchte ihre Kompetenz in Handlungsfeldern nachweisen, die ihre Zukunftsfähigkeit bestimmen. Der Wettbewerbsbeitrag steht unter dem Leitthema „Lebensader Elbe".
c. Regionales Engagement und regionaler Dialog zeigen sich nicht nur in großen Vorzeigeprojekten regionaler Bedeutung, sondern auch in einer Vielzahl von lokalen Projekten und Aktivitäten, die sich zu einem Kompetenznetzwerk der Nachhaltigkeit zusammenschließen.
d. Nachhaltigkeit kann nur durch Abwägungsprozesse ökonomischer, sozialer und ökologischer Belange und Kompromissfähigkeit erreicht werden. Ausgewählte Projekte sollen die komplexe Anforderung dieser Aufgabe ausdrücken.

3.2 Die Handlungsfelder des Wettbewerbsbeitrages:
a. Nachhaltige Siedlungs- und Freiraumentwicklung
Die grenzüberschreitende Abstimmung und Steuerung der räumlichen Nutzungsansprüche zur Erfüllung der ökonomischen, sozialen und ökologischen Bedürfnissen und zur Sicherung künftiger Handlungsspielräume ist einerseits der Kerngehalt der Dreiländerkooperation (Schleswig-Holstein, Niedersachsen und Hansestadt Hamburg) und andererseits die Essenz aller räumlichen Ordnungspolitik. Die Zielstellung ist es, sparsamen Flächenverbrauch, Freiraumschutz und Schadstoffminderung de facto umzusetzen sowie Vielfalt und Leistungsfähigkeit in Zentren aller Größen zu sichern. Schönheit und Funktionsfähigkeit der Landschaft und der natürlichen Umwelt stehen ebenfalls im Vordergrund.

Lokale Projekte sind: Ländervereinbarung Einzelhandel, Stadtentwicklung Nordersted-Mitte, Hafen City Hamburg, Hafen Campus Harburger Güterbahnhof, Ortszentrum Gaswerkgelände Bahrenfeld,

Innenentwicklung Bad Oldesloe, Lüneburg: von der Kaserne zur Universität, Stade-Ottenbeck: von der Kaserne zum Stadtquartier, Itzehoe: Wohn-Park Klosterforst, Großschutzgebiet Elbtalaue und Naturschutzkonzeption Höltigbaum.

b. Nachhaltiges Wirtschaften

Die Metropolregion Hamburg umfasst alle Seiten des modernen Wirtschaftslebens: Medien- und Dienstleistungsmetropole, kulturelles Zentrum und Tourismusregion sowie Handels- und Hafenmetropole. Im globalen Standortwettbewerb sollen Kreativität und Innovationskraft zeigen, dass die wirtschaftliche und soziale Spitzenposition behauptet wird, ohne natürliche Ressourcen und Spielräume kommender Generationen zu verbrauchen.

   Lokale Projekte sind: Entwicklung des Hamburger Hafens, stadtverträglicher Flughafen, Produktionsstandort Airbus A3XX, Ostseekooperation/INTERREG IIc-Projekt *String*, ökologischer Gewerbepark Tornesch, ökologisches Gewerbezentrum Altona[1], maritime Landschaft Unterelbe, regionale Ansätze nachhaltigen Wirtschaftens im Handwerk, Reaktivierung lokaler Produkte Modellregion Lüchow, urbane Landwirtschaft 2010.

c. Netzwerk lokaler Agenda-Projekte

Die Arbeit auf unterschiedlichsten Ebenen wie Politik, Verwaltung, Wirtschaft, Verbände, Bürger/Innen usw. erfordert ein gemeinsames Netzwerk. Ein offenes Internetforum und reisende Innovationswerkstätten ermöglichen einen breiten Erfahrungsaustausch und initiieren einen regionalen Nachhaltigkeitsdialog.

   Lokale Projekte sind: Aufbau eines länderübergreifenden Netzwerkes, ganzheitlicher Agenda-Prozess Lüneburg, 100 Haushalte auf neuen Wegen in Hamburg, Schleswig-Holsteins Haushalte machen mit!, Klimaschutzfonds der Stadt Elmshorn, Klimaschutz im Kreis Stormarn, Frauen und Planung in der Region.

3.3 Leitthema des Wettbewerbsbeitrags: Lebensader Elbe

Der durch die Elbe geprägte Landschafts- und Siedlungsraum, das Wasser, die Schifffahrt und die Hafenwirtschaft kennzeichnen die Hansestadt Hamburg maßgeblich. An der Elbe konzentrieren sich aktuelle Aufgabenstellungen, welche die schwierige Aufgabe des Ausgleichs ökonomischer, ökologischer und sozialer Belange im Sinne einer nachhaltigen Entwicklung verdeutlichen.

   Als Schlüsselprojekte hier sind zu sehen: Die Hafencity Hamburg, der Ausbau des Hafens mit der Anpassung der Fahrrinnentiefe, der Produktionsstandort für den Airbus A3XX, das Großschutzgebiet Elbtalaue oder das Kulturtourismusprojekt *Maritime Landschaft Unterelbe*. (Abb. 2)

4. das Ö – Welt der Lebensqualität
4.1 Konstellation der Projektbeteiligten
Der Bauherr – HaGG – Hamburger Gesellschaft für Grundstücksverwaltung und Projektplanung mbH

   Die HaGG ist eine Immobiliengesellschaft der Freien Hansestadt Hamburg, die sich seit 20 Jahren in den Bereichen Projektentwicklung und gewerbliche Wiedernutzung von Industrie- und Gewerbebrachen engagiert. Die Entwicklung von Gewerbearealen wird im gesamten

[1] *Das hier aufgeführte „ökologische Gewerbezentrum Altona" ist identisch mit dem Zentrum unterschiedlichster Namensgebung wie „Nachhaltigkeitszentrum Hamburg" oder „Zentrum für nachhaltiges Wirtschaften". Der endgültige Namen „das Ö – Welt der Lebensqualität" wurde aufgrund eines Namenswettbewerbs im Sommer 2000 entschieden.*

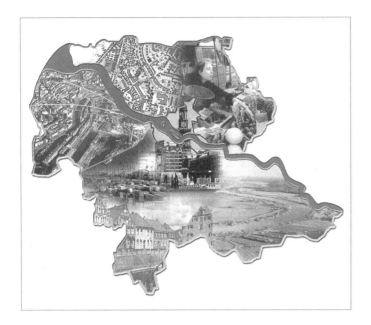

Abb. 2: Metropolregion Hamburg im Wettbewerb. Der Wettbewerbsbeitrag steht unter dem Leitthema: Lebensader Elbe, das Ö – Welt der Lebensqualität.

Stadtgebiet der Freien Hansestadt Hamburg wahrgenommen. Außerdem bewirtschaftet die HaGG 20 Gewerbehöfe mit ca. 500 Mietparteien auf über 70.000 m² Mietfläche. Unternehmensziel der Gesellschaft ist die Bereitstellung preisgünstiger, quartiersnaher Mietflächen für Handwerksbetriebe, Jungunternehmer und Existenzgründer, um einer Abwanderung der Betriebe ins Umland entgegenzuwirken.

Der Verein – „Verein zur Errichtung eines Öko-Zentrums in Hamburg"
1997 gründet sich aus 7 Mitgliedern der *Verein zur Errichtung eines Öko Zentrums in Hamburg*. Die Vereinsmitglieder, zukünftige Mieter des Zentrums, kommen aus den unterschiedlichsten Bereichen des Handwerks (Bäcker, Elektriker, Maler, Schreiner ...), der Dienstleistung (Versicherungsbranche, Unternehmensberater, Grafiker und Medienprofis) und des Öko-Handels (Natur-Textilien, Lampen für gesundes Licht und baubiologischer Baustoffhandel). Ziel des Vereins ist die Errichtung eines Öko-Zentrums in Hamburg unter dem Leitthema: Partizipation, Nachhaltigkeit und Synergie. Ihre Aufgabe sehen die Mitglieder in der Ideenentwicklung und -vermittlung sowie in der an der Ökologie orientierten konkreten Umsetzung. Aus dem Verein heraus entwickelt sich die Betreibergesellschaft Neuwerk Consult GmbH.

Der Projektentwickler – Neuwerk Consult GmbH
Neuwerk Consult GmbH ist ein Unternehmen mit einer dynamischen Geschäftsentwicklung. Die Gesellschaft wird aus der Projektentwicklung des *Nachhaltigkeitszentrums in Hamburg* geboren. Sie entwickeln über drei Jahre ein Konzept zur praktischen Umsetzung der Agenda 21 im Hinblick auf Nachhaltigkeit und Partizipation. Ziel ist dabei, Unternehmenskonzepte für Bereiche wie Immobilien, Internet, Intranet und Marketing unter Berücksichtigung von Synergie-, Partizi-

pations- und Netzwerkstrategien zu entwickeln und zu realisieren. Die Konzepte sind individuell auf die Unternehmen zugeschnitten und beziehen das Feld der Organisationsentwicklung hierbei bewusst mit ein. Differenzierte Unternehmen aus den Bereichen der Finanz-dienstleistungen, Versicherungswesen, Internetdienstleistungen, Internetkonzepte und Unternehmensberatung haben die Neuwerk Consult GmbH gegründet.

4.2 Profil – Projektentwicklung
Die modellhafte Projektentwicklung spiegelt sich in dem Prozess zur Entstehung des Nachhaltigkeitszentrums Hamburg-Altona wider. Das Zentrum wird mit ca. 80 Betrieben aus dem Segment nachhal-tiges Wirtschaften einen Standort bilden. Die Projektkosten von ca. 80 Mio. DM werden von der städtischen HaGG als Investor zur Verfü-gung gestellt. Die Projektentwicklung umfasst Schwerpunkte wie Bauherrenberatung in Bezug auf Baustoffe, Architekturkonzept, Ab-laufplanungen, Haustechnik, Standortanalysen, Qualitätsmanagement, Umweltmanagement, Abfallwirtschaftskonzepte, ... etc. etc. und Öffentlichkeitsarbeit wie Stadtteilmoderation, Pressearbeit, Mode-ration in politischen Gremien, Kooperation mit Verbänden und Fördereinrichtungen, ... und Marketing, zum Beispiel die Erstellung von Vermarktungskonzepten und Verträgen, Unternehmensdesign, Vermietung des Objekts, Aufbau einer Internetplattform, ...
Die Entwicklung einer innerstädtischen Großimmobilie stellt an die Moderation besondere Erfordernisse. Die Verlagerung der ansässi-gen Bauwagenkolonie und die einfühlsame Moderation zwischen An-wohnern, Investor und Mietern hat Bürgerproteste vermieden. Die Einwerbung von Fördermitteln und Erstellung von Finanzplänen ge-hört zu dem Profil der Projektentwicklung. Ein besonderer Ansatz zur erfolgreichen Projektentwicklung ist das Synergiemanagement. Offene Netzwerkstrukturen dienen hierbei als Informationspools.

5. Das Konzept
5.1 Grundidee
„Durch die Ansiedlung ausgewählter, nachhaltig wirtschaftender Betriebe aus dem Handels-, Handwerks- und Dienstleistungsbereich können Menschen neue Impulse und Anregungen für die Zukunft ge-geben werden. Dabei ist die Grundidee eine Umorientierung hin zu einer Gesundung jener Lebensbereiche, welche die Grundbedürfnisse des heutigen modernen Menschen spiegeln. Das Zentrum wird zu einem gesunden Leben anregen und die Bereiche Arbeiten, Versorgen und Wohnen miteinander verbinden. Unter Berücksichtigung der Ge-nerations- und Sozialunterschiede werden alle sozialen Gesellschafts-bereiche angesprochen. Das menschengerechte und ökologische Architekturkonzept orientiert sich dabei in seiner Funktion und Ge-staltung an den Bedürfnissen und Wünschen der Kunden und Mieter. Lichtdurchflutete, begrünte Architektur in Kombination mit einer innovativen und umweltverträglichen Bautechnik sorgen für die Verschmelzung von Natur und Zivilisation."[2]

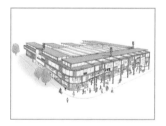

[2] *Neuwerk Consult GmbH:
„Zuspiel", 2000*

5.2 Das Zentrum als multifunktionale Immobilie
„Alles unter einem Dach" lautet das Motto dieser 20.000 m² großen, vermietbaren multifunktionalen Immobilie. Angebote ökologischer Waren und öko-effizienter Dienstleistungen komprimieren sich in einem Ort.

Der geplante Drittel-Mix beinhaltet Verkaufs-, Büro- und Hand-
werksflächen und teilt sich:
in Einkauf: Lebensmittel (Vollsortiment), Textil, Haushalt, Möbel,
Bauen, Technik, Blumen, Spielsachen, Bücher, Tee, Wein, Reisen,
Kosmetik …
in Dienstleistung: Restaurant, Bistro, Café, Imbiss, Wellness, Gesund-
heit, Finanzen, Unternehmensberatung, Multimedia/Screendesign,
Friseur, Home Service, Mobilitätsagentur, Energieberater, Bauberater,
Architekten …
in Handwerk: Tischler, Bäcker, Metallbauer, Maler, Bauunternehmen…

5.3 Einkauf als Erlebnis
Das Herzstück des Zentrums bildet das überdachte Atrium. Es bietet
Raum für Ausstellungen, Sonderveranstaltungen, Festivals und Gastro-
nomie. Das Atrium wird durch die Funktion des Treffpunkts, der
Kommunikation und des Austausches eine Marktplatzatmosphäre
haben. Folgende Einrichtungen sind weiterhin im Zentrum geplant:
Infotheke mit Beratung und e-commerce, eine Öko-Expo mit Pro-
dukten aus den Branchen Bauen und Wohnen, ein Gesundheitszen-
trum mit Sauna und differenziertem Wellnessbereich mit Zen-Garten,
ein Rundgang durch die Handwerksbetriebe und das Angebot Gastro-
nomie auf biologischer Basis.

5.4 Gemeinschaftseinrichtungen
Das Zentrumskonzept sieht ein Centerloft, ein Veranstaltungs- und
Tagungszentrum und ein internes Warenwirtschaftssystem als gemein-
schaftlich genutzte Einrichtungen für alle Mieter vor. Kommunikation
und Synergieeffekte drücken sich in Form eines Mieterbeirates zur
Interessensvertretung, durch die Bereitstellung eines Intranet als
Kommunikationsplattform und durch das Internet aus.

5.5 Perspektiven
Der Umweltmarkt boomt. Das steigende Qualitätsbewusstsein
der Konsumenten fördert die öko-effizienten Dienstleistungen und
Angebote ökologischen Handels. So gehören ökologische Einzelhan-
dels-Branchen wie Naturkost, -baustoffe, -kosmetik und -textilien
zu den Wachstumssektoren mit steigender Nachfrage und Umsatz-
steigerungen zwischen 5–10 % per anno. Das Konzept des Zentrums
sieht eine Existenzsicherung und -zukunft für kleinere und mittlere
Unternehmen vor. Das Prinzip der Shop-in-Shop-Lösung unterstützt
die Betriebe in ihrer Eigenständigkeit und eröffnet neue Möglichkeiten durch ein gemeinsames Marketing. Die bundesweite Entwicklung von ca. 30 ökologischen oder am Leitbild der Nachhaltigkeit
orientierten Zentren spiegeln der momentane Trend der Projektentwicklung im Bereich der Einkaufszentren. Das Ö, Zentrum für nachhaltiges Wirtschaften in Hamburg, steht jedoch in seiner Konstellation mit gleichgewichtiger Ansiedlung von Handwerk, Dienstleistung
und Handel innovativ und einzigartig da.

5.6 Das EU-Projekt
Das Projekt steht von Beginn an im Kontext zur Förderung eines
inter-regionalen Kooperationsprojektes unter dem Titel EUROCRAFT

im Rahmen des *European Program for inter-regional Co-operation and Regional Economic Innovation: Region and cities for Europe* (RECITE II). Ziel dabei ist die Stabilisierung und der Ausbau kleiner und mittlerer Handwerksbetriebe in ihrem lokalen und regionalen Entwicklungsfeld zu fördern. Im Rahmen dieser EU-Förderung EUROCRAFT werden die Standorte Belfast, Rhodos und Sizilien beteiligt.

6. Die Präambel des Zentrums
6.1 Leitbild
„Das Nachhaltigkeitszentrum Hamburg steht für die praktische Umsetzung der Agenda 21 und orientiert sich somit an den Prinzipien einer nachhaltigen Entwicklung und Partizipation. Es führt Handwerk, Handel und Dienstleistung zusammen und lässt so eine neue Qualität von Leistungen entstehen. Das Nachhaltigkeitszentrum Hamburg setzt damit neue Maßstäbe und Ziele für zukünftige Märkte."[3]

[3] *Neuwerk Consult GmbH: „Zuspiel", 2000*

6.2 Ziele und Aufgaben
1. Förderung einer nachhaltigen Wirtschaftsentwicklung im Sinne der Agenda 21 und Entwicklung entsprechender Potenziale des Handwerks, des Handels und der Dienstleistung,
2. Schaffung eines Kompetenz- und Innovationszentrums für nachhaltiges Wirtschaften,
3. Förderung der Entwicklung und Vermarktung innovativer und zukunftsfähiger Produkte und Dienstleistungen,
4. Region- und stadtteilbezogene Stabilisierung und Förderung kleinerer und mittlerer Betriebe sowie Förderung von Existenzgründungen und eine quartiersnahe Sicherung und Schaffung von Arbeitsplätzen in Handwerk, Handel und Dienstleistung,
5. Bündelung der lokalen Potenziale und Stärkung der lokalen Ökonomie sowie Verbesserung ihrer Ankoppelung an die stadtweiten und überregionalen Wirtschaftsstrukturen und Märkte,
6. Schaffung von Partizipationsmöglichkeiten für unterschiedliche Akteursgruppen des Nachhaltigkeitszentrums Hamburg mit dem Ziel, eine Identifizierung mit der Agenda 21 und dem Leitbild des Zentrums zu ermöglichen.

Im Konzept des Nachhaltigkeitszentrums Hamburg orientiert sich Nachhaltigkeit programmatisch an den Interdependenzen im Dreieck von Ökonomie, sozialer Gerechtigkeit und Ökologie. Die Angebote, Leistungen und Forderungen des Zentrums müssen diesen drei gleichgewichtigen Grundanforderungen Rechnung tragen und daher nicht nur umwelt- und gesundheitsverträglich, sondern auch wirtschaftlich tragfähig, sozialverträglich sowie funktions- und regionalorientiert sein. Diese Kriterien werden sowohl bei der grundsätzlichen Auswahl der Angebote, Produkte und Dienstleistungen des Nachhaltigkeitszentrums Hamburg als auch für die kontinuierliche Entwicklung eines Qualitätssicherungsprozesses zugrunde gelegt.

Der Qualitätssicherungsprozess im Sinne der hier genannten Ziele und Aufgaben wird als Leitfaden des Nachhaltigkeitszentrums Hamburg konkretisiert und fortgeschrieben.

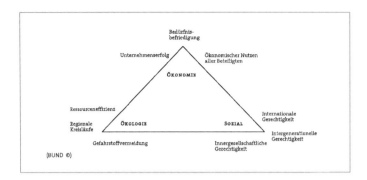

Abb. 4: Ausgestaltung des Leitbildes:
Nachhaltige Entwicklung

6.3 Ausgestaltung des Leitbildes: Nachhaltige Entwicklung (Abb. 4)
Nachhaltige Entwicklung im Sinne der Agenda 21 kann nur dann
umgesetzt werden, wenn Ökonomie, Soziales und Ökologie als drei
gleichwertige Elemente respektiert und integriert werden. Ausgehend
von diesem Leitbild nachhaltiger Entwicklung entstehen Qualitäts-
kriterien und Grundsätze wie Umwelt-, Gesundheits- und Sozialverträglichkeit, ökonomischer Erfolg, Funktions- und Nutzerorientierung
und Sortimentskriterien. Diese werden im Nachhaltigkeitszentrum
Hamburg für alle Projektbeteiligten wie auch für die Architektur zur
Prämisse.

7. Projektbewertung
Nachfolgend wird der Versuch unternommen, das Projekt im Rahmen
der europäischen Urbanistik unter den Gesichtspunkten Projektkonzeption, Städtebau, architektonische Realisierung und Modellhaftigkeit zu bewerten. Dabei werden positive wie auch negative Aspekte
stichpunktartig aufgelistet.

7.1 Projektkonzeption
• Informelle Projektentwicklung mit spontaner Reaktionsmöglichkeit
statt traditioneller Stadtplanung,
• Berücksichtigung sozioökonomischer Belange von Planung bis
Umsetzung,
• Projektidee und -umsetzung basiert auf Initiative der Bevölkerung,
• Projektentwickler Neuwerk Consult setzt konsequent auf Parti-
zipation des sozialen Umfeldes sowie der Projektbeteiligten, um die
Leitthemen der Agenda 21 bewusst einzuhalten,
• Umsetzung eines Wirtschaftskonzeptes zur Förderung nachhaltiger
Produktion und Konsumtion sowie zur Anbindung lokaler Ökonomie
an stadtweite und überregionale Wirtschaftsstrukturen und Märkte,
• ganzheitliches Konzept zur Veranschaulichung und Vermittlung der
Agenda-21-Grundsätze durch Architektur, Baustoffe, Kreisläufe und
Öffentlichkeitsarbeit,
• Prinzip der soziologisch-urbanen Deterritorialisierung nicht konse-
quent verfolgt,
• Leitthemen der Agenda 21 nicht vollständig an alle Projektbeteiligte
und Bauherren vermittelt und akzeptiert.

7.2 Städtebau
• Projektrealisierung auf dem Gelände einer innerstädtischen Industriebrache,
• innerstädtische Verdichtung statt „Grüne Wiese",
• Nutzung vorhandener infrastruktureller Potenziale,
• Einordnung des Nutzungskonzeptes in das innerstädtische Gefüge,
• stadtteilbezogene Stabilisierung und Förderung kleiner und mittlerer Betriebe,
• fehlende Funktion als Stadtmarke innerhalb des Stadtteils.

7.3 Architektonische Realisierung
• Bewusstes Energiekonzept zur Minimierung des Energieverbrauchs,
• natürlich ausgerichtetes Lüftungskonzept,
• nachhaltiger Umgang mit Baumaterialien und deren Verarbeitung,
• Maßnahmen zur rationellen bzw. regenerativen Energienutzung (nur teilweise Berücksichtigung des nachhaltigen Umgangs mit Bodenversiegelung und Flächenverbrauch),
• Architektur spiegelt innovativen inhaltlichen Ansatz nicht wider,
• keine architektonische Differenzierung gegenüber herkömmlichen Entertainment-Centern.

7.4 Modellhaftigkeit
Ein Modell ist die vereinfachte Darstellung eines komplexen Realsystems und dient dem besseren Verständnis der realen Welt (Begon et al. 1998). Ein ideales Modell zeichnet sich durch zwei Eigenschaften aus: Konzentration auf das Wesentliche anhand weniger Modellparameter und Übertragbarkeit im Sinne einer allgemeinen Anwendbarkeit.
• Vorbildfunktion für den bewussten Umgang mit Rohstoffen und Öko-Produkten,
• Pilotfunktion für eine gesunde und zukunftsfähige Lebensweise,
• Drittel-Mix aus Einkauf, Dienstleistung und Handwerk stellt neue modellhafte Nutzungskombination dar,
• Parameter der Konzeption und Umsetzung lassen sich unter Berücksichtigung der jeweiligen Stadtsoziologie europaweit übertragen,
• Inhalt und städtebauliche Integration spiegeln als modellrelevante Parameter die Umsetzung des „Modells" Agenda 21 wider,
• Architektur des Ö beschreibt Agenda-21-Leitthemen nur unvollständig und ist damit als Modellparameter nur bedingt geeignet.

Das Projekt *das Ö – Welt der Lebensqualität* in Hamburg-Altona (Stadtteil Ottensen) ist als direkte Umsetzung der Agenda 21 zu verstehen und kann als Modellbaustein einer zukünftigen nachhaltigen Stadtentwicklung für die europäische Stadt im 21. Jahrhundert gelten Es bietet Potenzial für eine weitere wissenschaftliche Begleitung.

8. Ausblick
Nachhaltigkeit und Urbanismus – Die Dimension einer nachhaltigen Stadt
Das grundlegendste Prinzip des nachhaltigen Urbanismus ist die nachhaltig urbane Entwicklung, basierend auf dem im Brundland-Report aus dem Jahr 1987 erstmalig definierten Zitat: „Nachhaltige Entwicklung ist eine Entwicklung, die den Bedürfnissen der Gegenwart genügt, ohne das Risiko einzugehen, dass künftige Generationen

[4] Hall, Peter und Pfeiffer, Ulrich:
„Urban 21", 2000, S. 29

[5] ebenda

ihre eigenen Bedürfnisse nicht befriedigen können (Weltkommission für Umwelt und Entwicklung 1987, 8)" [4]

Dies bedeutet, dass nachfolgende Generationen eine mindest ebenso reiche Welt vorfinden sollten, wie wir sie vorgefunden haben und hoffentlich hinterlassen werden – jedoch nicht nur in Bezug auf die Umwelt, sondern vielmehr auch im Kontext mit Ökonomie sowie in sozialer und kultureller Hinsicht. Diese erweiterte Interpretation der Nachhaltigkeit wurde spätestens seit der Lokal Agenda 21 bei der 1992 abgehaltenen Konferenz in Rio de Janeiro der Vereinten Nationen über Umwelt und Entwicklung öffentlich thematisiert. Das Entwicklungsprogramm der UN-Kommission konkretisierte *Sustainable human development*, welche für eine Entwicklung steht, „die von freien Wahlmöglichkeiten und den Fähigkeiten der Menschen ausgeht, die Wirtschaftswachstum schafft und dessen Profite gleichmäßig verteilt, welche die Umwelt schont statt sie zu zerstören und die Frauen und Männer befähigt, Verantwortung zu übernehmen statt sie zu marginalisieren." [5] Der Begriff der Nachhaltigkeit umfasst im urbanen Kontext mehrere Dimensionen. Eine Stadt kann demnach nur als nachhaltig bezeichnet werden, wenn sie folgenden Dimensionen gerecht wird: *Ökonomie:* Arbeit und Wohlstand, *Gesellschaft:* soziale Kohärenz und Solidarität, *Wohnen:* erschwingliche Wohnungen für alle, *Umwelt:* stabile Ökosysteme, *Verkehr:* ressourcenschonende Mobilität, *Leben:* die Stadt mit Lebensqualität und *Demokratie:* mehr Macht den Bürgern.

Ziel urbaner Politik, basierend auf dieser multidimensionaler Ebene, sollte sein, Städte zu schaffen, die ökonomisch prosperieren, in denen eine kulturelle Szene sowie soziale Gerechtigkeit herrschen, die sauber und mit ausreichenden Grünbereichen ausgestattet sind, in denen eine hohe Sicherheit gewährleistet werden kann und die eine Partizipation der Bürger in Bezug auf nachhaltige Stadtentwicklung und aktive Politik ermöglichen. Nachhaltiger Urbanismus erfordert zugleich ein wirtschaftliches Paradigma, das sich die Erhaltung nicht erneuerbarer Ressourcen zum absoluten Ziel setzt und gleichzeitig im Einklang mit den bestehenden Marktkräften steht.

9. Literatur

Adam, B. und Huege, P.: *Werkstatt: Praxis, Regionen der Zukunft – regionale Agenden für eine nachhaltige Raum- und Siedlungsentwicklung*, Bundesamt für Bauwesen und Raumordnung, Nr. 7, Bonn, 1998

Begon, M. E. et al.: *Ökologie*, Spectrum Akademischer Verlag, Heidelberg, 1998

BUND (Bund für Umwelt und Naturschutz Deutschland e. V.), caf (clearing-house for Applied Futures GmbH), econcept (Agentur für Ökologie- und Designberatung), IÖW (Institut für ökologische Wirtschaftsforschung GmbH) und Wuppertaler Institut für Klima, Umwelt und Energie GmbH: *Baukasten zur Planung und Realisierung von Öko-Kaufhäusern*, 1999

Gemeinsame Landesplanung Hamburg, Niedersachsen und Schleswig-Holstein: *Kongressunterlagen zur Auftaktveranstaltung, Metropolregion Hamburg im Wettbewerb*, Handelskammer Hamburg, Hamburg, 1999

Hall, P. und Pfeiffer, U.: *Urban 21*, Deutsche Verlags-Anstalt GmbH, Stuttgart, München, 2000

Melzer, M., Fahrenkrug, K. und Böcker, M. (Institut Raum & Energie GmbH): *Metropolregion Hamburg im Wettbewerb, Regionen der Zukunft, Ziele, Strategien und Projekte für eine nachhaltige Entwicklung*, Lütcke und Wulff, Hamburg, 1999

Müller Consult GmbH Hamburg und caf-clearing-house, Büro für angewandte Zukunft GmbH: *Grundlagenstudie – Standort und Marktanalyse*, Hamburg, 1999

Neuwerk Consult GmbH: *Zuspiel*, Mieterbroschüre sowie weitere Unterlagen von Seiten Neuwerk Consult GmbH, Hamburg, 2000/01

10. Internet-Angaben

http://www.agrar.de/agenda
http://www.urban21.de
http://www.urbanistik.de
http://www.zukunftsregionen.de

Leitbild der IBA Fürst-Pückler-Land – Vision und Realität

Kai-Uwe Margraf

geboren 1967
Dipl.-Ing. (FH) Landschafts-
architektur
Diplom 1993, FH Erfurt
seit 1999 Studium der
Europäischen Urbanistik an der
Bauhaus-Universität Weimar

Gestaltung der Landschaft als Infrastruktur für die Zukunft in der postmontanen Ära des Lausitzer Braunkohlenreviers

1. Vorwort
2. Die internationale Bauausstellung *Fürst-Pückler-Land*
   2.1 Die Entstehung
   2.2 Der Raum
   2.3 Die Ziele
3. Projektarbeit
   3.1 Aufgabenstellung
   3.2 Herangehensweise und Methodik
   3.3 Ergebnisse
4. Bewertung der Projektarbeit und des Projektpartners
   4.1 Einbindung der Projektergebnisse in die Arbeit der
       IBA-Gesellschaft
   4.2 Ausblick

Projektpartner

Internationale Bauausstellung Fürst-Pückler-Land, Großräschen, D
(--> Seite 13 + 24)

Betreuer

Prof. Dr. Wolfgang Fischer, Leiter Projektentwicklung und 2. Stell-
vertreter des Geschäftsführers

1. Vorwort

Die Strategie der internationalen Bauausstellungen verfolgt seit ihrer ersten Durchführung die beispielhaften Verwirklichung von Lösungs-ansätzen zu aktuellen Fragen der Baukultur oder Siedlungsentwick-lung. Diese Strategie wurde ständig weiterentwickelt und den aktu-ellen Problemstellungen angepasst. In der jüngeren Tradition der Bauausstellungen, beginnend mit der IBA *Emscher-Park*, ist die Ziel-setzung vor allem auf die Unterstützung des Strukturwandels altindu-striell geprägter Regionen ausgerichtet.

Die IBA *Fürst-Pückler-Land* ist die erste Bauausstellung in Deutsch-land, die sich der Landschaft als Hauptthema widmet: Die Heraus-forderung besteht in der Neugestaltung von 5000 m² devastierter Folgeflächen des Braunkohlenbergbaus im „Lausitzer Revier". Der Ansatz, den Raum nicht primär über die Gestaltung der Siedlung, sondern über die Gestaltung der Landschaft zu entwickeln, birgt ein äußerst interessantes, vielschichtiges, aber auch konfliktträchtiges Arbeitsfeld.

2. Die Internationale Bauausstellung „Fürst-Pückler-Land" (Abb. 1)

2.1 Die Entstehung

Seit Beginn der Bauausstellungen in Deutschland Anfang des 20. Jahr-hunderts haben sich die Aufgaben und Inhalte (Architektur, Siedlungs-bau und Siedlungsentwicklung) zunehmend vom Detail und Objekt hin zu ganzheitlichen Problembetrachtungen gewandelt.

Mit der IBA *Emscher-Park* erfährt diese Strategie den qualitativen Sprung von der Stadt zur Region, vom Stadtumbau zur Begleitung des Strukturwandels und zur Moderierung dieses Prozesses. Durch die Unterstützung und Realisierung beispielhafter Modellprojekte sol-len Nachahmereffekte ausgelöst werden, die in der Summe zu einer schrittweisen Umsetzung der beabsichtigten Leitbildvorstellungen

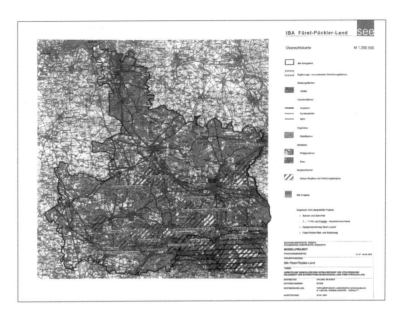

Abb. 1

führen („perspektivischer Inkrementalismus"). Ausgangspunkt der
Zielbestimmung war die Annahme, dass die Konkurrenzfähigkeit von
Regionen zunehmend von ökologischen und kulturellen Qualitäten
bestimmt wird und eine Steigerung dieser Qualitäten die Rahmenbedingungen für Investitionen verbessert. Das Ziel bestand in der
Minderung der negativen Begleiterscheinungen des Strukturwandels
einer alten Industrieregion und der Stärkung ihrer Konkurrenzfähigkeit als Basis für den Neuanfang.

Angeregt vom Vorbild der IBA *Emscher-Park* entstand infolge einer
privaten Initiative in der Lausitz der Wunsch, den an traditionellen
Sanierungskonzepten orientierten Rekultivierungsplanungen für die
Tagebaue der Region eine „offensive Nutzungs- und Gestaltungsidee"
mit einem hohen ästhetisch-funktionellen und innovativen Gestal-
tungsanspruch als notwendige Alternative entgegenzustellen. Diese
Idee wurde von lokalen Gebietskörperschaften in Südostbrandenburg
aufgenommen und weiterverfolgt. Im Juli 1997 veröffentlichte das
Gründungskuratorium auf der Basis zweier Gutachten die „Empfeh-
lungen für die Durchführung der Internationalen Bauausstellung
Fürst-Pückler-Land". Nach zweijähriger Vorarbeit der Vorbereitungsgesellschaft und der endgültigen Zustimmung der Landesregierung
Brandenburgs begann die IBA Fürst-Pückler-Land GmbH am 1. April
2000 offiziell mit ihrer Arbeit. Sie ist somit die erste IBA, die auf
Initiative lokaler Akteure ins Leben gerufen wurde.

2.2 Der Raum

Das räumliche Arbeitsgebiet der IBA *Fürst-Pückler-Land* umfasst im
südöstlichen Brandenburg ein Kerngebiet von vier Landkreisen und
der Stadt Cottbus, außerdem Teilräume in Sachsen und in Polen. Es
umfasst damit im Wesentlichen die Abbauflächen des Lausitzer Re-
viers. Im Norden stößt das Gebiet an die Stadtgrenze von Berlin, im

Osten an die Staatsgrenze zu Polen. Das wichtigste raumstrukturelle Unterscheidungsmerkmal zur IBA *Emscher-Park* im Ruhrgebiet ist die ländliche Prägung der Region und die Lage zwischen den Agglomerationsräumen Berlin und Dresden. Der in DDR-Zeiten erfolgte Aus- und Umbau des Bezirks Cottbus (mit Niederlausitz und Teilen der Oberlausitz) zum „Energiebezirk" führte zu einer starken Förderung und Konzentration der hier bereits ansässigen Energiewirtschaft. Es entwickelte sich eine monostrukturierte Industrieregion. Mit der Wiedervereinigung Deutschlands 1990 entstanden vollkommen neue wirtschaftsrelevante Rahmenbedingungen, die in der Lausitz zu einem Zusammenbruch oder deutlichen Rückgang der Wirtschaftsaktivitäten der dort ansässigen Industriebetriebe führten. In der Folge sank die Beschäftigtenquote, es stiegen die Arbeitslosenzahlen deutlich an und es setzte ein Bevölkerungsrückgang ein, der besonders die Jüngeren und die Höherqualifizierten betrifft. Die Lausitz zählt zudem zu so genannten „Dust Belt", einer von großen ökonomischen und ökologischen Problemlagen gekennzeichneten Achse altindustrieller Montanregionen (von Nordungarn über die Slowakei bis zum Mitteldeutschen Revier) in Mittel- und Osteuropa.

Die Region ist heute von wirtschaftsstrukturellen Wachstumsprozessen weit entfernt und es wird deutlich, dass die Bewältigung des Strukturwandels aufgrund fehlender mittelständischer Industrien und aufgrund der „Altlasten" des landschaftszerstörenden Braunkohlenbergbaus äußerst schwierig und langwierig sein wird. Mit 5000 m^2 Bergbaufolgelandschaft ist die Lausitz die größte Landschaftsbaustelle Europas.

2.3 Die Ziele
Die IBA *Fürst-Pückler-Land* will der Lausitz nach dem weitgehenden Zusammenbruch der Montanindustrien neue Perspektiven aufzeigen und die Region nach dem Ende der „Braunkohlenära" ins Licht der Öffentlichkeit rücken. Sie will den Veränderungsprozess nutzen, um durch neue Sichtweisen und modellhafte Projekte Impulse für ein aktives Gestalten der eigenen Zukunft auszulösen. Als „Werkstatt für neue Landschaften" begreift sie die besondere und einmalige Gestaltung der Bergbaufolgelandschaften als eine Grundlage für den strukturellen Erneuerungsprozess. Die Lausitz soll ein beispielhafter und vorbildwirkender Zukunftsentwurf für die Entwicklung anderer Regionen in Europa mit ähnlichen Problematiken werden. Die neuen Landschaften werden dabei leitbildhaft als „Infrastruktur für die Zukunft" verstanden. Mit dem Engagement um eine Aufsehen erregende Landschaftsgestaltung soll ein überregionales Interesse geweckt werden. Das Image und die Standortattraktivität sollen verbessert und so die Voraussetzungen geschaffen werden, um Unternehmen mit innovativem Credo oder junge Menschen mit anderen Lebensstilen anzulocken und um eine endogene Experimentier- und Gründermentalität zu erzeugen. Dies soll erreicht werden durch:
• die Neu- und Umgestaltung der Bergbaufolgelandschaften jenseits von Standardrekultivierungen und die kreative Neuinterpretation des industriell-kulturellen Erbes als Basis für den strukturellen Wandel,
• das Erzeugen internationaler Aufmerksamkeit und die Einrichtung von Attraktionen, um einen Imagewandel herbeizuführen, der die Region für Besucher, Touristen und Ansiedlungswillige interessant macht und der Region neues Selbstbewusstsein vermittelt,

• die Förderung der interkommunalen Kooperation und Kommunikation, um endogene Kräfte zu bündeln und ein regionales Verantwortungsbewusstsein zu erzeugen,
• die Eröffnung neuer Möglichkeiten, Lebens- und Arbeitsumfelder kreativ selbst zu gestalten und Angebote mit neuen Qualitäten zu formulieren, welche die Voraussetzung sind für die Entstehung innovativer Milieus,
• die Nutzung und Aktivierung der geistig-materiellen Potenziale der Region, besonders in den Bereichen der Energie- und Umwelttechnologien, um endogene Impulse für die wirtschaftliche Entwicklung auszulösen,
• eine länder- und staatenübergreifende Arbeitsweise, welche die regionale Perspektive in eine europäische Dimension rückt.

Diese Aufgaben können angesichts der räumlichen Dimension und angesichts des noch Jahrzehnte nach Abschluss der IBA andauernden Gestaltungsprozesses nur vorrangig in der Förderung neuer innovativer Denk- und Sichtweisen sowie der Schaffung von beispielhaften Modellprojekten bestehen, die, als Impuls gesetzt, über die IBA hinaus wirksam sein werden.

3. Projektarbeit
3.1 Aufgabenstellung
Die zu bearbeitende Aufgabenstellung wurde gemeinsam mit dem Projektpartner entwickelt. Sie beinhaltete zwei Teilaufgaben, die sich aus der Zielstellung dieses Praktikums und der Bearbeitung eines konkreten Projekts ableiteten.
Es sollten:
1. ein Beitrag zur systematisierten Darstellung der Organisations- und Arbeitsstruktur der IBA Fürst-Pückler-Land GmbH geleistet und
2. Vorschläge zum Leitbildentwurf der Internationalen Bauausstellung *Fürst-Pückler-Land* gemacht werden, da das Leitbild und mögliche Inhalte der IBA zu diesem Zeitpunkt noch nicht eindeutig ausformuliert waren.

3.2 Herangehensweise und Methodik
Zur Lösung der ersten Aufgabenstellung bedurfte es zunächst der Sichtung und Bewertung von internen Arbeitspapieren und IBA-Publikationen sowie Gesprächen mit Mitarbeitern. Mit der gewonnenen Übersicht über den aktuellen Stand der Arbeitskreise, über die Projekte sowie über die internen Arbeitsabläufe und Funktionsprinzipien war eine präzisierende Überarbeitung von Inhalten und Darstellungen möglich.
    Zur Bewältigung der zweiten Aufgabenstellung war die Auseinandersetzung mit den räumlichen Rahmenbedingungen, den aktuellen Tendenzen der Raumentwicklung und deren Wirkungen auf die Lausitz-Region notwendig. Drei Fragen-Komplexe wurden hierfür herausgearbeitet:
1. Wie vollzieht sich der Globalisierungsprozess? Welche sozioökonomischen Wirkungen und räumlichen Ausprägungen sind mit ihm verbunden? Welchen Einfluss hat er auf die Entwicklung von Regionen?
2. Welche Entwicklungsprozesse vollziehen sich in den Agglomerationen und gibt es Auswirkungen auf den Zwischenraum?
3. Welche Tendenzen und Trends gibt es in der Landschaftsentwicklung und von welchen Faktoren werden sie beeinflusst?

Aus den Erkenntnissen der Analyse konnte ein Leitbild sowohl inhaltlich, als auch räumlich für die IBA *Fürst-Pückler-Land* entwickelt werden, das eine Diskussionsgrundlage für die weitere Vertiefung der
Zielstellung innerhalb der IBA-Geschäftsstelle bieten sollte.

3.3 Ergebnisse
Nach Durchsicht, Überarbeitung und Ergänzung vorhandener Daten
und Informationen wurden verschiedene Übersichten und Schematas
erarbeitet, welche die Arbeitsprinzipien, die Organisationsstrukturen
und die Entscheidungsabläufe innerhalb der IBA-Geschäftsstelle im
Zusammenhang darstellten. Diese Unterlagen dienten als Basis für
die weitere Bearbeitung durch die jeweils zuständigen Projekt-
bearbeiter.

Die Ergebnisse im Rahmen der Leitbild-Entwicklung und Leitbild-
Formulierung für die IBA und zu den eingangs genannten Fragestellungen zur räumlichen Entwicklung der Region können in Schwer-
punktaussagen zusammengefasst werden:
1. Die räumliche Ausbildung der real ablaufenden ökonomischen und
gesellschaftlichen Prozesse und Entwicklungen entspricht trotz verschiedener Steuer- und Lenkungsversuche nicht oder nur kaum den
Zielvorstellungen und Leitbildern der Raumordnung.
2. Der durch die Globalisierung geförderte gesellschaftliche und ökonomische Strukturwandel führt zu einem Wachstum der Siedlungsflächen und einem weiter voranschreitenden Landschaftsverbrauch
sowie zur Verinselung von unzerschnittenen Landschaftsräumen.
Ländliche Räume mit regionalökonomischen Defiziten laufen Gefahr,
von der allgemeinen wirtschaftlichen Entwicklung abgekoppelt zu
werden und weitere Migrationsverluste, besonders bei jungen und
höher qualifizierten Bevölkerungsteilen, hinnehmen zu müssen.
3. Der zunehmende Wettbewerb unter den Regionen um Unternehmen, Touristen und Bewohner vermindert deren Handlungsspiel-
raum, soziale, ökologische oder ästhetische Forderungen durchzu-
setzen. Gleichzeitig sind sozial, ökologisch und ästhetisch ausgewogene Landschafts- und Stadträume als bedeutende „weiche Standortfaktoren" eine Voraussetzung für eine positive Regionalentwicklung.
4. Die Lausitz besitzt Potenziale als touristischer, ökonomischer,
logistischer und siedlungsstruktureller Komplementärraum für die
Agglomerationen Berlin und Dresden. Sie könnte bei der Übernahme
komplementärer Funktionen als Alternativstandort vom Prozess der
Globalisierung partizipieren. Dazu müssen die infrastrukturellen
Bedingungen optimiert und die weichen Standortfaktoren gestärkt
werden. Die Folgen wären ein zunehmender Flächenverbrauch für
Freizeit, Wohnen und Arbeiten sowie höhere Verkehrs- und Waren-
ströme.
5. Die Lausitz ist ein wichtiger ökologischer Komplementärraum. Im
Sinne des Nachhaltigkeitsgedankens sollte eine weitere Zersiedlung
und Zerschneidung der noch erhaltenen großen Freiräume in der
Region vermieden werden. Dies würde aber eine Einschränkung der
auf Flexibilität und Individualisierung ausgerichteten gesellschaftlichen und ökonomischen Entwicklung bedeuten und damit die wirtschaftliche Belebung der Region und ihren Strukturwandel behindern.

Die Antwort zur Lösung dieser grundsätzlichen Konfliktlage kann nur über fundamentale Lösungsansätze gegeben werden. Die Kernfrage lautet: Wie kann es gelingen, Nachhaltigkeit, Wirtschaftswachstum und individuelle Raumansprüche miteinander zu verbinden, so dass ökologische, ökonomische und soziale Systeme zusammen funktionieren?

Eine Voraussetzung wäre der grundlegende Wandel in den Wertevorstellungen der Gesellschaft. Dies würde bedeuten, dass Selbstbeschränkungen in Bezug auf extensives Wachstum akzeptiert und auch politisch umgesetzt werden. Diese Option ist stark abhängig von den globalen Rahmenbedingungen. Der Lösungsansatz ist daher vorrangig in der Optimierung der natürlichen und besonders der naturvernetzenden Systeme zu suchen, weil andere Alternativen zurzeit keine Aussicht auf durchgreifenden Erfolg haben. (Abb. 2)

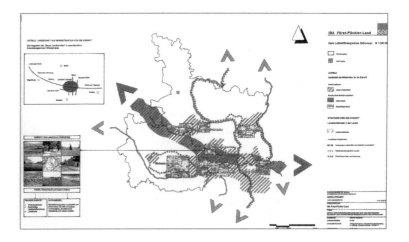

Die Ableitung eines ganzheitliche Leitbild der IBA beinhaltet drei Aspekte:
1. Das Leitbild ist Teil einer übergeordneten Vision, die Lösungen für die zukünftige Raumentwicklung aufzeigt.
2. Das Leitbild wird durch ein strategisches Zielkonzept inhaltlich, räumlich und inszenierend umgesetzt.
3. Das Leitbild zeigt Wege zu einer instrumentellen Sicherung der eigenen Zielstellung.

Das Leitbild „Landschaft als Infrastruktur für die Zukunft" erhält eine naturräumliche Basis, auf deren Grundlage die Ziele der nachhaltigen Regionalentwicklung und die Integration der Bergbaufolgelandschaften verwirklicht werden. Der Lausitzer Grenzwall ist das verbindende Glied zwischen den Landschaften des Bergbaus und das Rückgrat dieser Landschaft. Als Teil einer paneuropäischen „Landbrücke", des so genannten südlichen Landrückens (Endmoränenzug der Saaleeiszeit), vernetzt er die Lausitz mit anderen Landschaftsräumen in Mittel- und Osteuropa. Er bildet mit den Hauptfließgewässern das ökologische Gerüst, welches die Funktionsfähigkeit der „Neuen Landschaften" erst garantiert. Diese „Grünen Brücken" sind die naturräumlichen Entwicklungsachsen der Landschaft, die in Zukunft einer den künstlichen Infrastrukturen gleichwertigen Entwicklung bedürfen. Die Neugestaltung der Bergbaufolgelandschaften erhält mit diesem Leitbild eine neue Dimension in Bezug auf eine beispielhafte innereuropäische Landschaftsvernetzung.

Das strategische Zielkonzept fokussiert die Arbeit der IBA, ihre dezentralen Projekte und den Blick in die sich wandelnde Landschaft räumlich-sinnlich durch die Landschaftsfenster (Ausstellungscharakter der IBA). Diese repräsentieren Geschichte, Gegenwart und Zukunft und die Vielfalt an möglichen Kombinationen, Verflechtungen und Beziehungen zwischen den neuen und alten Landschaften. Ziel ist es, eine neue Kultur zwischen Mensch, Natur, Technik und Kunst zu generieren. Ein wiederkehrendes Ordnungsprinzip sichert die gestalterische Einheit, zeigt die Zusammengehörigkeit der Räume und macht das Gesamtkonzept sichtbar. Dieses Ordnungsprinzip besteht aus drei Grundelementen: Modell-Landschaft (innovative Gestaltung), Nachhaltige Landschaftsnutzung (regenerative Naturnutzung) und Lausitzer Zeichen (Landmarken). Die Landschaftsfenster werden durch ein touristisches Wegesystem vernetzt, das intraregional erschließt und zu anderen Regionen bzw. Landschaftsräumen verbindet.

4. Bewertung der Projektarbeit und des Projektpartners
4.1 Einbindung der Projektergebnisse in die Arbeit der IBA-Gesellschaft
Erste Arbeitsergebnisse wurden bereits während des Praktikums in die Diskussion um das strategische Konzept und das Leitbild der IBA *Fürst-Pückler-Land* eingebracht. Der Projektbericht wurde der IBA-Geschäftsstelle am 06.11.2000 im Rahmen einer Klausurtagung in einem 30-minütigen Referat vorgestellt und in Bezug auf die IBA-Zielstellungen und das IBA-Leitbild diskutiert. Eine kurze Vorstellung der Praktikumsergebnisse erfolgte im IBA-Magazin Heft 2, Dezember 2000.

4.2 Ausblick
Die IBA *Fürst-Pückler-Land* steht am Beginn ihrer auf einen Zeitrahmen von zehn Jahren angelegten Arbeit. Die Erwartungen sind hoch. Dies resultiert aus dem Erfolg der Vorgängerin, der IBA *Emscher-Park*, den Hoffnungen auf die fachliche Weiterentwicklung dieses neuen Modells informeller, projektorientierter Regionalplanung und auf den wenigen oder gar fehlenden tragfähigen Zukunftsperspektiven für die Umgestaltung und Neuprofilierung der altindustriellen Bergbauregion der Lausitz. Die Zielsetzung „Landschaft als Infrastruktur der Zukunft" zu verstehen und zu gestalten bietet eine Vielzahl von Möglichkeiten zur Entwicklung umsetzungsorientierter Lösungen aktuell diskutierter Leitbilder, wie z. B. die nachhaltige Siedlungs- und Landschaftsentwicklung. Die einmalige Situation der Neugestaltung ganzer Landschaftsräume im Lausitzer Revier bietet die Chance, neue Aspekte und Vorstellungen zur Gestaltung zukünftiger Kulturlandschaften großmaßstäblich in die Praxis zu überführen. Die Kulturlandschaft der Zukunft wird viele Elemente beinhalten, für die es keine historischen Vorbilder gibt.

Die Verwirklichung von Visionen endet bisher oft an den Tagebaurändern. Landschaftsraumübergreifende Konzepte werden zwar vielfach diskutiert, es fehlen jedoch die Strategien oder wirksame Instrumente zu ihrer Umsetzung. Das erstaunt insofern, da die Siedlungsentwicklung vollkommen selbstverständlich in erheblichem Maße subventioniert wird und gleichzeitig aber das Siedlungswachstum als Bedrohung für ein dauerhaft funktionierendes ökologisches System erkannt wird. Ohne eine Lösung dieses Kernproblems und ohne eine humane und kulturvoll-künstlerische Gestaltung der Landschaft als Lebensraum des Menschen ist eine dauerhaft nachhaltige Raumentwicklung schwer vorstellbar. Nur wenn dies Kernproblem überwunden wird, ist eine tragfähige Grundlage für eine zukunftsfähige Regionalentwicklung gegeben. Darin liegen die große Chance der Lausitz, sich als Modellregion zu profilieren und die Vision für die IBA *Fürst-Pückler-Land*. Die Entwicklung der Lausitz zu einer postmontanen Modellregion besitzt auch angesichts der Wichtigkeit des Energieträgers Braunkohle in den mittel- und osteuropäischen Ländern eine herausragende Bedeutung für einen neuen integrativen Ansatz europäischer Raumordnungspolitik. Der Anspruch an die Aufgabe der IBA *Fürst-Pückler-Land* ist gewaltig und es ist zu hoffen, dass der schwierige Schritt gelingt: von der Vision neuer Landschaften zur Realität einer neuen Kultur der Landschaftsgestaltung.

Landschaft im Wandel

Antje Wunderlich

geboren 1975
Dipl.-Ing. (FH) Landschafts-
architektur
Diplom 1998, FH Erfurt
seit 1999 Studium der
Europäischen Urbanistik an der
Bauhaus-Universität Weimar

1. Vorwort
2. Geschichtliche Bezüge
3. Projektpartner – IBA *Fürst-Pückler-Land*
4. Das Modellprojekt – Tagebaulandschaften im Wandel
5. Modellcharakter des Projektes

Projektpartner

Internationale Bauausstellung Fürst-Pückler-Land GmbH,
Großräschen, D (--> Seite 13 + 24)

1. Vorwort

„In den Canyons von Brandenburg" – so lautet ein Zeitungsartikel
des Brandenburger Tagesspiegels vom 19. März 2000. Begriffe werden gefunden für die Bilder der Landschaft, die so fremd erscheint.
Weilt man in einem so genannten Braunkohlentagebaurestloch, fühlt
man sich wie in einer fernen Welt. Assoziationen tauchen auf und
lassen uns träumen – von den riesigen Schluchten der Canyons, von
Kratern, die Feuer und Asche speien, eigenartigen Hügeln einer
Mondlandschaft. Noch ist sie da, die Vielfalt. Sie lädt ein zum Erforschen und stößt doch gleichzeitig ab.

Der Braunkohleabbau hat der Lausitz riesige Wunden zugefügt,
die nicht in zehn Jahren verheilen, und deren Spuren – zum Glück –
nicht so schnell zu verwischen sind. Die IBA *Fürst-Pückler-Land* arbeitet für die nächsten zehn Jahre. Das ist wertvolle Zeit, die dafür eingesetzt werden muss, die Weichen für eine abwechslungsreiche
Landschaftsgestaltung und Regionalentwicklung zu stellen.

Abb. 1: Luftbild, IBA Fürst-Pückler-Land

2. Geschichtliche Bezüge

Die Garten- und Landschaftsgestaltung hatte zur Zeit des Fürsten Pückler andere Aufgaben zu erfüllen. Damals wurde Landschaft im Rahmen der zur Verfügung stehenden finanziellen Mittel nach dem freien Willen des Bauherrn und ästhetischen Empfinden des Gartenkünstlers gestaltet. Heute stehen die Aspekte von „Schutz und Pflege des Naturhaushaltes und des Landschaftsbildes" (Naturschutzgesetz) gerade in den stark überformten Industrieregionen wie der Lausitz im Vordergrund. Das betrifft vor allem die zurückgedrängte vorindustrielle Landschaft. Die „Rekultivierung" und „Renaturierung" der Flächen des Braunkohletagebaus erfolgt nach eigenen gesetzlichen Vorgaben. Laut Bergrecht besteht Sicherungspflicht und es besteht ein enger finanzieller Rahmen. Da infolge des Braunkohleabbaus eine neue Landschaft geschaffen wird, bestehen trotz aller Zwänge die Chance und die Aufgabe, künstlerisch zu gestalten.

Abb. 2: ehemaliger Tagebau Klettwitz

Die Arbeit der IBA *Fürst-Pückler-Land* knüpft methodisch und inhaltlich an die IBA *Emscher-Park* und die Idee des industriellen Gartenreiches der Dessauer Bauhaus-Werkstatt an. Prozesshafte Planung im Rahmen einer internationalen Bauausstellung und die Methode der informellen Projektentwicklung sind mit der IBA *Emscher-Park* vergleichbar. Alle drei Großprojekte befassen sich mit Regionalentwicklung, allerdings losgelöst von gängigen formalen Planungsmöglichkeiten: Landschaftsplan, Flächennutzungsplan u. ä.

Sie versuchen über Konzepte der Inszenierung, die Nachnutzung von Industrielandschaft positiv zu beeinflussen und sehen im touristischen Ertrag einen Gewinn für die Region.

3. Projektpartner – IBA Fürst-Pückler-Land

Die IBA *Fürst-Pückler-Land* versteht sich als erste „IBA von unten" (Prof. Kuhn), da sie aus der Initiative einer regionalen Planungsgemeinschaft mit Helmut Rippl (Landschaftsarchitekt), Dr. Hannelore Joswig (Architektin) und Wolfgang Joswig (Stadtplaner) hervorging. Gesellschafter der IBA Fürst-Pückler-Land GmbH sind die Landräte Holger Bartsch (OSL), Dieter Friese (SPN), Waldemar Kleinschmidt (CB), Walter Kroker (EE) und Martin Wille (LDS). Träger der IBA-Projekte sind regional ansässige, meist öffentliche, z. T. auch private Gesellschaften. Für die Bereiche der Tagebaue sind z. B. die Lausitzer Braunkohlen-Aktiengesellschaft (LAUBAG) und die Lausitzer und Mitteldeutsche Bergbau-Verwaltungsgesellschaft mbH (LMBV) verantwortlich.

Die Geschäftsstelle der IBA Fürst-Pückler-Land GmbH gliedert sich in:
1. Geschäftsführung,
2. Koordination, Organisation und Büroleitung,
3. Finanzierung und Marketing,
4. Projektbetreuung und
5. Öffentlichkeitsarbeit.
Seit April 2000 existiert ein fester Mitarbeiterstamm von ca. 15 Angestellten, welcher die von der Vorbereitungsgesellschaft begonnenen Aufgaben weiterführt.

IBA-Aufgaben sind:
• Öffentlichkeitswirksame Projektentwicklung und -betreuung vor Ort in Abstimmung mit den Trägern,

Abb. 3–5:
ehemaliger Tagebau Kleinleipisch

• projektbegleitende Presse- und Besucherarbeit,
• Arbeit an Präsentationen unterschiedlicher Art für Messen und
Ausstellungen,
• Internetpräsentation,
• ganzheitliche Darstellung des IBA-Gebietes in Wort und Bild und
damit die visuelle Präsentation des Veränderungsprozesses.

Die einzelnen Projekte der IBA *Fürst-Pückler-Land* sind sowohl groß-
räumiger, überregionaler Art als auch sehr kleinräumig und punktuell.
Zu je fünf wurden sie in Gruppen zusammengefasst und den einzelnen Projektbetreuern zugeordnet.
  Obwohl hierarchische Abstufungen innerhalb der Geschäftsstelle
zwischen den Abteilungen existieren, wird eine „flache" Betriebs-
struktur angestrebt. Die Projektbetreuer sind der Leitung Prof. Fischers
unterstellt und halten Kontakt zu den Abteilungen für Öffentlichkeitsarbeit und Finanzierung. Diese Abteilungen arbeiten ihrerseits für die
Projektbetreuer und nehmen in ihrer Vermittlungsrolle nach außen
eine wesentliche Verantwortung wahr.
  Die IBA folgt dem Anspruch, internationales Interesse zu wecken
und Modellcharakter über die Region hinaus zu entwickeln. Die
Mitarbeiter der IBA-Geschäftsstelle agieren im Spannungsfeld zwischen dem Anspruch der Initiatoren und Gesellschafter, ohne die es
die IBA nicht gäbe, und den Ansprüchen, die an eine internationale
Bauausstellung gestellt werden: So hat sich die IBA in die engen
Rahmenbedingungen der Träger zu fügen und soll Ergebnisse präsentieren, die über die Möglichkeiten des verbleibenden Spielraumes
hinausgehen. Diesen Konflikt wird die IBA wohl für die komplette
Laufzeit von 10 Jahren aushalten müssen. Von außen einberufene
Gremien wie die Strategiekommission, erfüllen in diesem Spannungsfeld die wichtige Aufgabe, Grenzen auszutesten und wo möglich zu
weiten. Dieselbe Chance und Aufgabe haben auch Planungen, die im
Rahmen eines Praktikums entstehen. Darum kommt dem hier vorgestellten Modellprojekt eine relativ große Bedeutung zu.

4. Das Modellprojekt – Tagebaulandschaften im Wandel
Seit meiner Teilnahme am Workshop „Von der Kohle wohin?"
am Bauhaus in Dessau (1996) beschäftige ich mich mit den Frage-
stellungen im Umgang mit Industrie(folge)landschaft.
  Das Interesse an der Region und an der Arbeitsweise des IBA-
Teams waren die persönlichen Motive für meinen Wunsch, bei der
IBA *Fürst-Pückler-Land* zu arbeiten.
  Ebenso wie die Region um Dessau-Bitterfeld hat die Lausitz das
Image einer Unlandschaft. Die aus der Landschaftszerstörung und
dem Verlust des Arbeitsplatzes resultierenden Konflikte führen unter
der einheimischen Bevölkerung zu Störungen im Landschaftsverständnis. Die Identifikation mit der Region wird zunehmend schwe-
rer; gleichwohl geht von solchen Unlandschaften eine Faszination aus,
der sich der Betrachter, vor allem als Fremder, nur schwer entziehen
kann.
  Im Sinne der Entwicklung zukunftsweisender Ansätze ist die
fachübergreifende Zusammenarbeit im Team wichtig, um Interdisziplinarität zu betreiben und über bestehende Planungsgrenzen hinweg-
zudenken. In der Verbindung von Projektentwicklung und Öffentlichkeitsarbeit, der „informellen Projektentwicklung", wird prozesshafte

Planung möglich. Diese offene Planungsmethode ist ausreichend flexibel für neue Ideen und unvorhersehbare Entwicklungen.

Merkmal einer Kulturlandschaft ist die organische Einheit von Land und Leuten. Erfährt die gewachsene Verbindung von Landschaft und Nutzern einen Bruch, ist das Landschaftsverständnis gestört. Die Bevölkerung betrachtet die Braunkohlentagebaulandschaft als menschenunwürdige Mondlandschaft, die es zu rekultivieren gilt. Die Rekultivierungsflächen werden im Sinne eines landschaftlichen Fremdkörpers als „Neuland" begriffen, da nach der Wiedernutzbarmachung kein Bezug mehr zu deren Entwicklungsgeschichte besteht. Der Bergbau wird als Störung aufgefasst, nicht als Landschaftsveränderung. Tatsächlich ist die Lausitz eine der am stärksten überformten Landschaften Mitteleuropas, daher auch der Begriff von der „größten Landschaftsbaustelle Europas".

In einer Bergbaulandschaft können aufgrund der hohen zeitlichen Dynamik landschaftsbildende Prozesse intensiv erlebt werden: zunächst die reliefbildenden Prozesse von Erosion, Setzung und Flutung, später der Prozess der Wiederbelebung durch Sukzession und Einwanderung von Tieren. Von „außen" besteht großes Interesse am Braunkohlenbergbau und dessen Rekultivierungsprozess. Das Erleben des hoch dynamischen Wandels dieser einzigartigen Landschaft kann zu einem bedeutenden Reiseziel werden, wenn es in den bestehenden Erholungs- und Fremdenverkehrskonzepten ausreichend berücksichtigt wird.

Die Braunkohlensanierungsplanung betrachtet lediglich den planerischen Endzustand. Die bisherigen Konzepte der Nutzung von Bergbaufolgelandschaften sehen lediglich eine dauerhafte Gestaltung von Erholungsgebieten vor. Dem stehen der Wunsch der Bevölkerung nach einer kurzfristigen Wiedernutzbarmachung gegenüber und das große touristische Potenzial des Erlebnis des Wandels. Es besteht der Bedarf zur Etablierung eines provisorischen Aktionsraumes für beide Nutzergruppen (Bevölkerung und Touristen). Dieser würde kurzfristig die Attraktivität der Landschaft steigern und ihre Vermarktung fördern.

Abb. 6: IBA-Auftaktgebiet und zukünftige Strandpromenade am Rand des ehemaligen Tagebaus Meuro, dem entstehenden Ilsesee. Bis 1999 wurde hier noch Kohle gewonnen. Die Förderbrücke wurde erst im Mai 2000 gesprengt. In unmittelbarer Nähe zur IBA-Geschäftsstelle ist hier Landschaft im Wandel erlebbar. Der Schwerpunkt dieses Tagebaus kann im technischen Veränderungsprozess und in der Erschließung für den Tourismus liegen.

Abb. 7: Am Beispiel dieses Tagebaus können alle Zeitebenen – vom ursprünglichen Kohleabbau unter Tage bis zur Gewinnung alternativer, schonenderer Energie – erlebt werden. Um Kostebrau (dieser Ort liegt auf einer Landzunge im ehemaligen Tagebau) sind Bruchfelder, ein Restloch des Tagebaus, Canyons der durch Erosion veränderten Zwischenlandschaft und Windräder des im Juni 2000 eingeweihten größten Energieparks Europas nebeneinander zu erleben.

Abb. 8: Ein unter Naturschutz gestellter Tagebaubereich, der dem ehemals geschützten Wald an dieser Stelle entspricht. Dieser Tagebau zeigt natürliche Veränderungsprozesse der sich wandelnden Landschaft; nach einer hoffentlich schonenden Sanierung wird der Bereich sich selbst überlassen.

Im Rahmen meiner praktischen Tätigkeit bei der IBA *Fürst-Pückler-Land* agierte ich in diesem provisorischen Aktionsraum. Meine Aufgabe war es, die canyontypischen Landschaftsbestandteile der ehemaligen und aktiven Braunkohletagebaue in der Lausitz zu erfassen und zu erforschen: Dokumentation der Geschichte des jeweiligen Tagebaues, Analyse ihres gegenwärtigen Zustandes, Darstellung ihrer aktuellen Qualitäten, Integration in die Planungsvorhaben der LAU-BAG und LMBV. Die Arbeit folgte der Zielstellung, für den Zeitraum der kommenden 10 Jahre ein direktes Landschaftserleben in ausgewählten Braukohletagebauen zu ermöglichen und deren Veränderungsprozess herauszuarbeiten. Attraktive Landschaftselemente müssen erschlossen und Gefahrenbereiche abgegrenzt werden. Wichtige Sichtbeziehungen aus unterschiedlichen Perspektiven müssen besondere Berücksichtigung finden. Erst wenn die Tagebaulandschaft sicher erschlossen ist und attraktive Punkte erreichbar sind, kann sie angeeignet werden und können Einheimische wie Fremde sich mit deren Wandlungsprozess auseinandersetzen. Erst dann ist es überhaupt vorstellbar, eine Beziehung zwischen Mensch und Landschaft wachsen zu lassen.

Wichtiger Aspekt meiner Arbeit war der Verweis auf Anknüpfungspunkte zu anderen Instanzen, die an ähnlichen Problemstellungen arbeiten, um auf lange Sicht voneinander zu profitieren. Noch unbekannte Tagebaue und solche von langfristiger Umgestaltungsdauer stützen eine langfristig angelegte Strategie. Hat man die Inszenierung des erneuten (Landschafts-)Wandels im Blick, sind die Tagebaue reizvoll, die es noch zu entdecken gibt und deren Sanierung oder Flutung noch im vollen zeitlichen Umfang ansteht. Für reizvoll halte ich die Auseinandersetzung mit schutzwürdigen, dauerhaft zu erhaltenden Bereichen, wie den Naturschutzgebieten Grünhaus und Lichtenauer See, oder einmaligen, industriegeschichtlich bedeutsamen Gebieten, wie z. B. dem Restloch 124 im Abbaugebiet Domsdorf/Tröbitz und dem Bereich der Kohlebahnausfahrt im Tagebau Klettwitz.

Daneben gilt es natürlich auch, den Reiz der vergänglichen Schönheit zu inszenieren. Ein Tagebau, der sich dafür anbietet, ist Welzow Süd, mit seinen Randschläuchen und Absetzerkippen, die bis zu 20 Jahre erhalten bleiben. Ähnliches gilt für den Tagebau Cottbus Nord, dessen Flutungszustand, der Cottbuser Ostsee, IBA-Projekt ist. Aufgrund der Nähe zum IBA-Auftaktgebiet ist über eine zwischenzeit-

liche Nutzung des Tagebaus Meuro für Wanderungen und eine
Inszenierung des Flutungsprozesses ab 2005 nachzudenken, da diese
von der neuen Strandpromenade und dem Café aus erlebbar wäre.

Im Anschluss an diese „Bestandsaufnahme" sind Konzepte zum
Umgang mit diesem Potenzial zu entwickeln. Diese können touristischer, künstlerisch-gestalterischer oder von landschaftsschützender
Art sein. Wichtig ist, den menschlichen Maßstab sowohl in der zu
gestaltenden Raumdimension als auch in der zeitlichen Komponente
nicht zu vergessen.

5. Modellcharakter des Projektes

Die IBA Fürst-Pückler-Land befasst sich vorrangig mit Landschaftsgestaltung, nicht mit Stadtebau. Folglich kann man kaum von einem
urbanistischen Diskurs sprechen, in den sich die IBA-Arbeit integrieren lässt. Eine wissenschaftliche Zuordnung im Sinne eines ruralen
Diskurses, welche laut Prof. Dieter Hassenpflug vom urbanistischen
Diskurs nicht zu trennen ist, könnte jedoch durchaus erfolgen.
    Die Probleme der Zersiedelung, das Phänomen der Zwischenstadt,
fehlende Dichte oder das Stadtkonglomerat u. a. spielen in der Lausitz kaum eine Rolle. Die Themen der Siedlungsproblematik in dieser

Abb. 9: sogenanntes Auftaktgebiet, ehemaliger Tagebau Meuro,
Kohlezeichnung, Antje Wunderlich

Abb. 10: Canyon im Restloch 124, Domsdorf-Tröbitz, Kohlezeichnung, Antje Wunderlich

Region sind anderer Art. Bewohner wurden und werden umgesiedelt,
da ihre Dörfer dem Tagebau weichen mussten und müssen. Ersatz
wurde zu DDR-Zeiten in Plattenbausiedlungen gefunden (Bsp. Groß-
räschen-Nord). Heute wird stark historisierend versucht, die komplette Dorfstruktur umzupflanzen (Bsp. Neukausche bei Drebkau). Beide
Varianten stoßen an Grenzen, die eine Herausforderung auf der Suche
nach neuen Siedlungsformen darstellen können. Ein weiteres archi-
tektonisches Problem, welches nicht nur in Brandenburg auftritt, ist
der Umgang mit den Satellitenstädten. Am Beispiel des Neubau-
gebietes Sachsendorf-Madlow (Cottbus) wird nach Möglichkeiten
gesucht, die Lebensqualität des Ortes zu verbessern und das Gebiet
in die Stadt zu integrieren.
    Die Grundproblematik: Der Ressourcen schonende Umgang mit
den Naturgütern Boden, Wasser, Luft sowie der Schutz vor irreversi-

blen Eingriffen, welcher jedem Bemühen um eine kompakte Stadtstruktur zugrunde liegt, bringt hier ganz neue Aufgabenfelder hervor.
Nach über 150 Jahren Raubbau an der Natur wird heute nach alternativen Energien gesucht. Es wird versucht, die Landschaftszerstörung
nicht ein zweites Mal zu wiederholen und vor dem erneuten Eingrei-
fen, der Renaturierung und Rekultivierung, abzuwägen, wo Bereiche
zumindest für eine begrenzte Zeit erhalten bleiben und zugänglich
gemacht werden können.

Der Modellcharakter des Projektes besteht darin, sich auf die
Notwendigkeit der Raumwahrnehmung zurückzubesinnen, um ver-
antwortungsvoll planen zu können. Geschieht dies nicht, bleiben die
zeitlichen Brüche zwischen industrieller Tagebaulandschaft und fertig
sanierter, d. h. neu produzierter Landschaft bestehen. Diese Brüche
führen zum Verlust der Beziehung zwischen Mensch und Raum, nach
Prof. Dieter Hassenpflug zum Verlust der „Ortsqualität" der Region.

Abb. 11: ehemaliger Tagebau, Kohlezeichnung, Antje Wunderlich

Abb. 12: ehemaliger Tagebau Meuro, Aquarell, Antje Wunderlich

Stadtentwicklung und Stadtforschung

Zukünftige Stadtentwicklung und Dialogfähigkeit

Städte haben sich an Standorten in der Landschaft entwickelt, die für die Menschen „nutzbar" waren, d. h. der Nutzer von Fläche steht im Mittelpunkt der Stadtentwicklung. Städte sind dann relativ schnell gewachsen, wenn überdurchschnittliche Wertschöpfung aus vorhandenen Ressourcen möglich war und über den Zukunftswert die Mitglieder des Gemeinwesens nachhaltig Übereinstimmung erzielten. Das *Alte Testament* berichtet über den Turmbau zu Babel, über die blinde Überschätzung des Menschen in seine eigenen Fähigkeiten, der dabei das technologische und finanzielle Potenzial falsch einschätzte. Das beschriebene Chaos entwickelte sich durch Mangel an Dialogfähigkeiten und endete mit Zerstörung.

Bernd Heuer
Agenda 4, Berlin

„Eine Stadt, die kein Gespür zu besitzen scheint für Rollenverteilungen, Kompetenzabgrenzungen und die Unvereinbarkeit von Ämtern, eine Stadt, die keinen Sinn hat für den Wert von ‚checks and balances', weil die Gewaltenteilung in den eingemauerten Jahren überwuchert worden ist von einem System von Abhängigkeiten, Ämterhäufungen, Rücksichtnahmen und In-Sich-Geschäften. Kurz, eine Stadt wie eine inzestuöse Insel." (Zitat Heinrich Wefing, FAZ vom 12.02.2001) Der Journalist berichtet über Berlin. Ein Vergleich mit dem Turmbau zu Babel ist möglich.

Die Stadtentwicklung gerät immer dann in eine falsche Richtung, wenn Diskrepanzen über den Zukunftswert nicht über Dialoge zusammengeführt werden. Der Stadtforschung fällt in diesem Zusammenhang dann die Aufgabe zu, zu analysieren und zu dokumentieren, wo Dialoge aufhören und die isolierte Macht an die Stelle des Ausgleichs tritt.

Die vorgestellten Fallbeispiele haben deutlich gemacht, dass es in Deutschland, den USA, Schweden und Italien immer um den Zukunftswert von Standorten geht, die Rahmenbedingungen auf der rechtlichen, steuerlichen, ökonomischen, ökologischen und soziologischen Seite sehr unterschiedlich sind und die Kunst darin besteht, die unterschiedlichen Aspekte auf ein gemeinsames vertretbares Ziel gegenüber der Zukunft zu entwickeln. Es wurde aber auch deutlich, dass die Dialogfähigkeit in den einzelnen Ländern zwischen den Beteiligten sehr unterschiedlich entwickelt ist, dass es differenzierte Stadtentwicklungskulturen gibt.

Die Frage, nach welchen Kriterien man die vorgestellten Beispiele bewerten soll, konnte nicht beantwortet werden. Eine Orientierungshilfe für Benchmarking stellen sicherlich die Herausforderungen, die im Rahmen des Agenda-21-Prozesses formuliert worden sind und auf Urban 21 im Juni 2000 in der Berliner Erklärung weiter konkretisiert wurden. Aufgabe wird nunmehr sein, wie unter diesen Rahmenbedingungen in den einzelnen Ländern der Zukunftswert interpretiert wird. Derzeit ist festzustellen, dass lediglich eine ökonomische Dimension Grundlage für Benchmarking darstellt, dass aber noch ökologische und soziologische Kriterien in ein Benchmarking mit einfließen müssen. Vor dem Hintergrund der Benchmarking-Überlegungen können drei Benchmarks formuliert werden.

Benchmark 1: Senkung der Ausgaben für die Nutzung von Wohn- und Gewerbeimmobilien um 20 bis 30 %. Bekannt ist, dass z. B. die Ausgaben für das Wohnen in Deutschland im Vergleich zu anderen Ländern eine überdurchschnittliche Belastung der privaten Haushalte nach sich ziehen. Bekannt ist, dass die Renditen bei Immobilien-Investments in Deutschland am unteren Ende über alle Immobilien-zyklen hinweg einzustufen sind. Konkret die Orientierung: Wie schaffen wir es in den einzelnen Ländern, über die nachhaltige Senkung der Herstellkosten von Gebäuden um gleichfalls 20 bis 30 % mit den Ressourcen besser umzugehen, insbesondere mit den Rohstoffflächen und Finanzressourcen?

Benchmark 2: Bekannt ist, dass die Grundstücks- und Baukosten auch wiederum im internationalen Vergleich überdurchschnittlich hoch in Deutschland sind. Bekannt ist, dass niederländische Unternehmen, die einen Marktanteil in den letzten Jahren im verdichteten Einfamilienhausbau in Deutschland erreicht haben, durch integrierte Prozesse Effizienzsteigerungen erzielten, die zu niedrigen Wohnkosten geführt haben.

Ein **dritter Benchmark** könnte sein, die Realisierung des Zeitraums von der Planung bis zur Nutzung um 50 % zu reduzieren. Bekannt ist, dass die Prozesse von der Schaffung des Baurechtes bis zur Übergabe an den Nutzer suboptimal organisiert sind, insbesondere weil die Schnittstellen zwischen Verwaltung, Wirtschaft und Nutzer eine Verbesserung der Wirtschaftlichkeit bzw. der Verbesserung des Prozesses nicht möglich sind. Die neuen Informationstechnologien, die umfangreich bei der Prozessoptimierung, z. B. in der Automobilindustrie eingesetzt worden sind, bieten hier Möglichkeiten.

Ein besonderes Problem stellt z. Z. dar, dass die unterschiedlichen Computersprachen, die zwischen den Bereichen Planen der Architekten, Bauen der Bauwirtschaft, Finanzieren der Kreditwirtschaft und Betreiben des Nutzers nicht so miteinander verbunden sind, dass sie über einheitliche Standardprozesse verbindlich abgebildet werden können. Daher wäre es zum Nutzen des Gemeinwesens notwendig, von Anfang an durch Normung eine durch die interessierten Kreise gemeinschaftlich nutzbare internetfähige Plattform zu schaffen. Dies ist nach allgemeinem Verständnis am besten in einem Netzwerk von Partnern aus Systemkreisen – Planungshoheit, öffentliche Hand, Planer, Architekten und Ingenieure, Investoren, Nutzer und Finanziers – zu leisten.

Neben der Integration der einzelnen Bereiche in Standardprozesse wird es zukünftig sehr stark darauf ankommen, wie die Ausbildung und Forschung sich in den einzelnen Ländern weiterentwickelt. Die Zukunftswerte von Standorten erfordern einen interdisziplinären Ansatz in der Ausbildung, d. h. Stadt- und Raumplaner, Architekten, Bauingenieure, Ökonomen, Ökologen und Soziologen sowie Juristen müssen bereits in der Ausbildung die Dialogfähigkeit real wie auch zukünftig virtuell durch gemeinsame Computersprachen vorantreiben. Diese Aufgabe fällt der Forschung im besonderen Maße zu.

Staaten, die erkannt haben, welche volkswirtschaftlichen Ersparnisse möglich sind und gezielt in Innovationen investieren, werden Standards für die zukünftige Stadtentwicklung setzen. Mit der Formulierung von Standards werden darüber hinaus Marktvorteile im globalen Wettbewerb gestaltet.

Das Bauhaus mit einem, wie man heute sagen würde, überdurchschnittlichen Markenwert hat die Möglichkeit, zukünftig die Stadtentwicklung zu prägen, wobei der Studiengang Urbanistik einen ersten Ansatzpunkt darstellt, die unterschiedlichen Disziplinen im Dialog zusammenzuführen. Aufgabe für zukünftige Veranstaltungen wird sein, die Interdisziplinarität vor dem Hintergrund von definierten Benchmarks noch weiter zu pflegen und durch Beispiele im Sinne von Best-Practices zu konkretisieren.

Forschungsreise durch Geschichte, Gesellschaft, Stadt und Peripherie von Stockholm

Steffen Ahl

geboren 1967
Dipl.-Ing. Architektur
Diplom 1995, Bauhaus-Universität
Weimar
seit 1999 Studium der
Europäischen Urbanistik an der
Bauhaus-Universität Weimar

Projektpartner   CERUM – Universität Umeå (Center for Regional Science), Umeå, S
(--> Seite 13 + 18)

1. Das Modellprojekt
Vierwöchige Mitarbeit bei CERUM an der Universität von Umeå.
Zweimonatiger Forschungsaufenthalt in Stockholm; Durchführung
von 16 Fallstudien zu Gesellschaft, Stadt und Peripherie sowie zahlreiche Fachgespräche.

2. Anlass, Inhalt und Ziel

Im Mittelpunkt meiner Studien stand die Betrachtung der Wahr-
nehmung der Stadtbewohner Stockholms vor dem Hintergrund ihrer
baulich-räumlichen Umwelt. Mein Interesse galt der Schnittstelle zwischen Mensch und Architektur/Städtebau sowie der Geschichte des
Landes und der Geschichte des schwedischen Städtebaus:
• den kulturpolitischen Zielen der Regierung,
• den Eigenheiten der schwedischen Mentalität und der spezifisch
schwedischen Sozialisation des Individuums,
• den zahlreichen Zugezogenen,
• der Skala der verschiedenen Angebote der Stadt.

Ich untersuchte das Verhältnis von baulich-räumlicher Umwelt und
Lebensstilen:
• das Entstehen und die Artikulation von Lebensstilen, welche die
Stadt hervorbringt,
• die Verhaltensformen und Verhaltensmuster, welche bestimmten
Orten eine Identität geben – Orte entstehen lassen.

Gegenstand meiner Betrachtung waren die seit den 1940er Jahren
an der Peripherie Stockholms entstandenen Stadtteile, die noch heute
als „neu" bezeichnet werden. Vor dem Hintergrund des sich wandelnden Wohlstandslandes Schweden, in welchem nach Ende des 2. Weltkrieges komplexe Wohnquartiere entstanden, gaben diese großen
Wohnquartiere der Metropole Anlass für meine kritische Bestandsaufnahme des Lebens, das heute dort stattfindet.
    Ich untersuchte die staatlich und kommunal gesteuerten Bau-
aufgaben des „neighbourhood-Modells" – der These folgend, das Ent-
wicklungsniveau der Gesellschaft programmatisch in der gesellschaftlichen Raumproduktion bei staatlichen und kommunalen Bauaufgaben
vorzufinden. Das aus England stammende, einheitlich entstandene
große Wohngebiet („neighbourhood-Modell") wurde in den 1940er
Jahren zum konzeptionellen Modell schwedischer Stadterweiterungen

und fand in ganz Schweden Verbreitung – nicht nur im Sinne der
grundsätzlichen Wohnraumversorgung, sondern auch als Modell-
standard für eine vorbildliche schwedische Lebensführung. An den
„neighbourhoods" lassen sich für verschiedene Zeiten Gesellschafts-
ideen deutlich ablesen und dekodieren.

Der öffentliche Wohnungsbau steht in der bürgerstaatlichen
Demokratie für die Wahrnehmung der Sorgepflicht für das Wohl der
Bürgerinnen und Bürger durch die öffentliche Hand. In Schweden
drückt dieser das gesellschaftspolitische Ziel aus, ein bauliches Umfeld von Chancengleichheit zu schaffen. Dies kann als ein charakte-
ristisch schwedischer Demokratiewunsch verstanden werden: Alle
Bürger sollen am gesellschaftlichen Leben und den gesellschaftlichen
Errungenschaften des Fortschritts schrankenlos und unabhängig vom
sozialen Status teilnehmen können. Planung, insbesondere Stadtplanung, kam in Schweden folglich immer ein zentraler Stellenwert
zu. Das unablässige Bemühen, bessere Bedingungen für jeden Einzelnen zu schaffen, blieb keine oberflächliche Kosmetik, sondern
bedeutete strukturelle Veränderung; freilich mit der Einschränkung,
dass Planbarkeit eine Endlichkeit aufweist.

3. Die Erfahrung

Angesichts der gesellschaftlichen Wandlungsprozesse der letzten
fünfzehn Jahre hat sich die Gültigkeit der für die Quartiere seinerzeit
getroffenen Planungsaussagen relativiert oder gar völlig verkehrt. Die
Zukunft von damals ist das Gestern von heute. Der Planungsstandard
erwies sich trotz aller Progressivität als zu kurzlebig für das Leben, das
in der Realität über ihn hinweggeht. Oft haben sich Tatsachen schon
frühzeitig gegen die ursprüngliche Planungsintention gestellt. Einige
isolierte Großwohngebiete sind Schmelztiegel sozialer Missstände und
zu Problemnischen geworden, von denen man glaubte, sie gesamt-
gesellschaftlich vermieden zu haben oder vermeiden zu können.
Spätestens seit den 1980er Jahren prägt die schwedische Gesellschaft
nicht mehr die tendenziell fortschreitende Gesamtordnung nach Wohl-
stands- und Wohlfahrtskennziffern. Vormals formulierte Ordnungs-
kriterien splittern sich in Teilordnungen auf. Ordnung wurde gar zum
Entwicklungshemmnis, als sich Schweden im Zuge der Globalisierung
gegenüber Europa und der Welt öffnen musste.

Wieder war die Peripherie Protagonistin für Veränderungen –
diesmal aber eher unfreiwillig. Selbst einer starken Veränderung und
instabilen Entwicklung unterlegen, verging bis heute ausreichend
Zeit, eben diese Instabilität zum vorherrschenden Prinzip der Gesellschaft im Allgemeinen und des privaten Lebens im Besonderen zu
erklären. Mehr oder minder prekäre Umstände begannen die De-
facto-Lebensgrundlage der meisten Menschen zu bestimmen.

4. Peripherien sind dünn besiedelte Orte

Zu den Problemstellungen, denen das Modellprojekt nachspüren
sollte, gehörte die Frage nach dem neuen Ausdruck, die der transur-
bane Lebensstil annimmt und in welchen neuen Formen ein solcher
in Erscheinung tritt.

Untersucht man die Artikulationsformen der Stadtbewohner in
der Peripherie, sieht man sich mit dem Problem konfrontiert, Menschen finden zu müssen. Angesichts einer dünn besiedelten Landschaft wie der schwedischen, einschließlich der dünn besiedelten

Orte und Städte, bekommt dieses Problem ein deutliches Gewicht. In der Großräumlichkeit der metropolitanen Peripherie von Stockholm „verläuft" sich die Bewohnerschaft. Menschen beobachten heißt demnach, die Orte aufzusuchen, wo sich die Angebote finden, die letztendlich gesellschaftlich und planerisch vorbestimmt sind: die Quartierszentren. Verhalten verlässt dort nur selten die Grenzen der Norm. Man hat kaum Mühe, durch bloßes Beobachten Verhalten zu interpretieren, denn es ist ganz ohne Mythos. Fast genügt es, subjektive Erfahrungen in die Körpersprachen hineinzuprojizieren. Man sieht, was ist; was man nicht sieht, gibt es nicht. Fast pasolinisch ist der totale Charakter der Normalität.[1] Aber nicht das Nichtvorhandensein von offenem, nicht determiniertem Raum ist das Problem, sondern die Abwesenheit von Inspiration ohne vorgefasstes Angebot. Es bleibt die Frage: Keine neue Expressivität an den Rändern der großen Stadt?

5. Eine Geschichte und ein Gefühl

Eine Teenagergruppe hinter dem Einkaufszentrum von Flemingsberg[1] – dort, wo normalerweise die Müllcontainer stehen – die Teenager treiben miteinander Spielchen und hören laute, arabische Musik aus dem Recorder. Ist es das? Ein neues Lebensbedürfnis, das sich außerhalb der alten Strukturen seinen alternativen Raum sucht? Suchen muss? Allein die Formulierung scheint überzogen. Etwas qualitativ Neues der Peripherie ist darin nicht zu erkennen. Vielmehr das Gegenteil: Die kleine Grenzüberschreitung unterstreicht eher die große Grenze. In Schweden, scheint es, läuft alles in geordneten Bahnen – auch nach und mit den Turbulenzen seit dem Fall des Eisernen Vorhangs. Weder Notwendigkeit noch Bereitschaft zur Transgression sind tatsächlich vorhanden oder zu spüren.

Trotz der Aufspaltung der sozialen Homogenität der Einwohner – gefördert noch durch die Ankunft vieler Zuwanderer in jüngster Zeit – hat die Idee des schwedischen Volksheims in den Köpfen der Menschen keinen großen Schaden genommen. Wurde das Volksheim-Ideal des ausgehenden 19. Jahrhunderts im 20. Jahrhundert weitgehend in die schwedische Realität umgesetzt und gegen Ende des letzten Jahrhunderts wacklig, wird es heute wieder zum Ideal stilisiert. Und Ideale besitzen eine weit stärkere Wirkkraft als deren Realisierung. Obwohl kritische Stimmen die Grenzen der Gesellschaftsvision des Wohlfahrtsheims aufdeckten, gibt es keine Alternativen zum bewährten, bürgerlichen Lebensmodell. Da im Prinzip alle Schweden zur rationalen Vernunft erzogen sind und ein von Mythen (etwa religiösen) befreites Dasein leben, kommt niemand auf die Idee, die Grenzen des Systems in Frage zu stellen oder gar zu verletzen. Stellte jemand sie in Frage, gälte er als hinter dem erreichten Entwicklungsstand der Gesellschaft zurückgeblieben.

Die modernistischen Wohnkomplexe sind paradox. In Sachen Lebensstil kommen sie heute nicht (mehr) avantgardistisch daher, wie sie das zur Entstehungszeit vielleicht einmal getan haben mögen. Sie sind zu Horten konservativer Stereotype mutiert. Sofern Peripherisierung mit der Auflösung von traditionellen Verhaltensweisen zu tun hat, lösen sich diese nicht einfach in Luft auf oder fallen als Neuerfindungen vom Himmel. Im Gegenteil: Stile werden in der Regel reformuliert. Neu ist das Aufblühen von veralteten Erscheinungen

[1] siehe P. P. Pasolini: „Freibeuterschriften", Wagenbach Taschenbuch 317, Verlag Klaus Wagenbach, Berlin, Neuausgabe 1998

[1] siehe Fallstudie

gerade an der und durch die städtische Peripherie, wovon man die alte „Stadt" glaubte schon längst befreit zu haben! Nicht in der alten City, sondern in den Wohngebieten der Peripherie artikulieren sich Diskriminierung, unterschwellige Hierarchien, subtile Machtkämpfe oder Gewalt. Das Augenmerk meiner Fallstudien richtete sich auf die Befangenheit schwedisch-bürgerlicher Komplexe in neurotischer Langeweile und auf den Einbruch nicht-schwedischer Kulturen in den Campus.

6. Immigration und Integration

In der Peripherie der Stadt sieht sich der Beobachter unvermittelt mit der Präsenz ethnischer Minderheiten konfrontiert. Das gilt auch für Stockholm und dort in besonderem Maße. Ganze Neubauviertel werden heute von gemischten Ethnien bewohnt, ohne mit schwedischen Bewohnern in nennenswerter Zahl durchmischt zu sein. Die Schweden waren in ihrem eigenen Land im Prinzip lange „unter sich". Der Zustrom von Arbeitskräften ebbte in den 70er Jahren ab und es setzte die Flüchtlingsimmigration ein. Zu einer größeren ethnischen Vielfalt kam es erst gegen Ende der 1980er Jahre, als der Eiserne Vorhang fiel. Inklusive der skandinavischen Länder sind heute 18 % der Einwohner Schwedens Einwanderer oder haben zugewanderte Eltern.[2] Im Stockholmer Großwohnquartier Rinkeby wohnen noch etwas mehr als zehn schwedische Familien. Auf die Arbeitsplätze vor Ort verteilen sich dort lediglich 3 % gebürtiger schwedischer Nationalität.[3]

Das schwedische Wohlfahrtsmodell beruht auf Integration in Form einer gut organisierten Vertrauens-Gemeinschaft. Eine ausgeprägt homogene soziale Schichtung hat von Natur aus eine stark integrative Wirkung. Immigranten stehen viele staatliche Möglichkeiten und Angebote offen, sich in die Gesellschaft zu integrieren. Politisches Ziel in Schweden ist die Forderung nach demokratisch gleichen Rechten – Einwanderer eingeschlossen – denn die politökonomische Haltung, Wohlstand könne nur Wohlstand für alle bedeuten, gehört in Schweden zur nationalen Grundüberzeugung. Auch das Staatsbürgerschaftsrecht befindet sich im europäischen Vergleich auf dem höchsten Stand. Die alltägliche Praxis der Erarbeitung von Gruppenentscheidungen an runden Tischen oder das übliche stillschweigende Einvernehmen tragen auf lokaler Ebene zu gegenseitiger Erziehung, Kontrolle und Konformität bei und letztendlich zu einem homogenen sozialen Milieu. In einem solchen Rahmen kann man sich kaum vorstellen, was dem Vernunftkriterium von Fortschritt standhalten sollte, nicht nur „anders", sondern „besser" zu sein. Gängige soziale Normen werden so nur allzu gern auf Immigranten übertragen. Das führt zu Konflikten oder zu Marginalisierung von Minderheiten, denen die städtebaulich und architektonisch schlechteren Großwohngebiete am Stadtrand zur Heimstatt geworden sind. Dennoch: Größtenteils sind die Einwanderer grundsätzlich bereit, die Politik aktiv mitzugestalten, Verantwortung zu übernehmen und sich in Bereichen zu engagieren, die über die unmittelbaren Fragen der Ausländerpolitik hinausgehen. Das sehen die schwedischen Politiker nicht immer gern. Auch unter der Bevölkerung ist die generelle Zustimmung zur Einwanderungspolitik nicht ungeteilt.[II]

2 Tatsachen über Schweden: „Einwanderer und Einwanderungspolitik in Schweden", Schwedisches Institut (Hrsg.), 9/1998, S. 1

3 „Miljonprogram i Stockholm", Ausstellung im Stadtmuseum

II Besonders unter Jugendlichen mehren sich Zeichen der Ablehnung gegenüber Ausländern. Damit Immigranten schwedischen Arbeitsuchenden nicht die Jobs wegnehmen, würden einer Umfrage von 1998 zufolge 10 bis 15% rechts wählen.

7. Die Fallstudien

Im Forschungsbericht zum Modellprojekt wurde der theoretische Forschungsgegenstand „Peripherie und Lebensstile" in 16 Fallstudien (case studies) textlich und fotografisch erfasst. Ihr Stand zeichnet sich aus durch eine unvollständige Perzeption und Reflexion. Die Studie musste letztendlich resignieren vor einer analytischen Tiefe, welcher die zur Verfügung stehende Zeit vor Ort von nur gut einem Monat widersprach. Sicher bleiben die getroffenen Aussagen und die gemachten Erfahrungen fragmentarisch. Aber Peripherie ist nichts anderes als ein offenes Abenteuer. Sollte „Stadt lesen" trotz aller Brüche kohärent sein, ist „Peripherie lesen" wie ein Wildern in verschiedenen, unzusammenhängenden Texten, denn das periphere Leben kennt Kategorien wie Planen und Warten nicht. Das periphere Leben lebt den Augenblick; es kennt keine Geschichte, sondern nur den allgegenwärtigen Alltag. Es hat keine Zeit zu verlieren. Die experimentierte Methode, Kontexte zu lesen, meint ein Lesen, wie dem Beobachter der soziale Inhalt der stadtbezogenen Alltagsgegenwart entgegentritt. Ein Beispiel:

8. Flemingsberg

Donnerstag, 8.6.2000, nachmittags.

Flemigsberg ist ein großes Wohngebiet in städtebaulicher Kammstruktur. Die Wohngebäude haben acht Geschosse und dominieren die Skyline der Umgebung. Den „Kamm"-Rücken bilden Blöcke in langer Reihe mit jeweils sechs Aufgängen. Zusammen mit den „Zinken" des Kamms entstehen nebeneinander liegende, U-förmige Höfe, deren offene Seite von 3-geschossigen Terrassenhäusern begrenzt werden. Von den Höfen her erheben sich die Terrassenhäuser nur mit zwei Geschossen, denn der gesamte Komplex ist mit einem Garagengeschoss unterkellert. Von der offenen Seite des Kamms fällt das Gelände ab, so dass vom breiten Fußgängerweg, der dort entlang führt, die Sekundäreinrichtungen des Wohngebietes weiter unten gut überblickt werden können. Vom Weg führen wiederum Stufen auf die (um Parkgeschosshöhe) höher liegenden Höfe, wodurch die Höfe ein gewisses Maß an Intimität erhalten. Zu den Sekundäreinrichtungen zählen Sport- und Spielplätze, ein Kindergarten und eine Schule. Die Planung, die vermutlich aus den 1980er Jahren stammt, beruht auf einer sauberen, sehr rationalistischen Planungsüberlegung – zu rationalistisch, wie ich meine! Das Quartier sieht so artifiziell und abstrakt aus wie ein hochkopiertes Architekturmodell. Alle Funktionen stehen nebeneinander, ohne beieinander „versammelt" zu sein und miteinander in Kommunikation zu treten. Flemingsberg zeugt von einer erschreckenden Planungstotalität, die das eigentliche Problem der Wohnanlage darstellt! Allein die Wege tragen Namen wie „Diagnosvägen" und „Terapivägen", was ich für ein schlechtes Omen halte. (Ihre Herkunft erkläre ich mir aus dem Huddinge-Stadtbezirkskrankenhaus in der Nähe.) Aber meine Befürchtungen bestätigten sich nicht ...

Suchen wir das Positive: Die zwar banale, aber immerhin architektonische Gestaltung und sparsame Variation der Baublöcke offeriert ein Minimum an Heiterkeit. Während die oberen Geschosse mit weiß oder farbig glänzenden Platten verkleidet sind, ist die Erdgeschosszone gemauert. Flemingsberg leuchtet schon von weitem, da sich die weißen Längsfassaden mit den Stirnseiten in kräftigen Farben brechen: rot, orange, türkis, aquamarin, ocker. Die Erdgeschosswohnungen haben ebenerdige Terrassen, die von niedrigen Mauern mit abgerundeten Ecken und Bepflanzungen eingefasst sind. Die oberen Geschosse dagegen haben Balkone, von denen jeweils die beiden obersten vorspringen, als Wintergärten verglast sind und eine zeichenhafte Wirkung ausstrahlen. Die Höfe sind begrünt. Asphaltflächen wechseln mit Rasenstücken und Hecken ab. Vom Garagengeschoss führen breite Aufgänge in die Höfe. Kleinwüchsige Bäume schützen Sitzbänke mit fest installierten Tischen unter Pergolen. In der Mitte eines jeden Hofes findet sich ein Gemeinschaftshaus aus Holz („Gårdshus"). Die meisten stehen leer. Gårdshus 6 ist für Gebete eingerichtet. Durch die geöffnete Tür erkenne ich dunkelbunte Teppiche an den Wänden und auf dem Fußboden. Im Gårdshus 1 befindet sich das Internet-Café „Café Mix", dessen fünf Computer von Kindern im Schulalter in Beschlag genommen sind. Am Aufsichtstresen sitzt ein freundliches Mädchen mit Kopftuch, das mich meine e-mails checken lässt.

Ich durchstreife die Wohnblöcke. Nach dem Regen am Vormittag ist die Atmosphäre entspannt. Selbst die Dramatik der Witterung löst sich langsam auf. Der graublaue Himmel, der übrig geblieben ist, schafft eine großartige Kulisse, vor der sich die in der Sonne grell leuchtenden Fassaden kräftig plastisch abzeichnen. Erwachsene sind nur wenige zu sehen. Dafür wird die Szenerie von Kindern beherrscht. Viele von ihnen haben einen dunklen Teint. In den Höfen zwischen den Gebäuden spielen sie unbeaufsichtigt, fahren auf Kinderfahrrädern, Mädchen schieben Puppenwagen und schleudern deren Insassen bisweilen hoch durch die Luft – eine Sitte, die mich verwundert ... . Sandkästen und Kinderspieleinrichtungen werden allesamt ignoriert.

Ich setze mich an einen Tisch in eine abgeschirmte Sitzecke und mache mir Notizen. Nach kurzer Zeit kommen drei Kinder auf mich zu, sagen „hej" und der eine setzt sich direkt vor mir auf den Tisch. Ich sage auch hej und als sie mit mir weitersprechen, erkläre ich auf englisch, dass ich leider schwedisch nicht sprechen kann. Ohne ihr Alter in Betracht zu ziehen, füge ich hinzu, dass wir uns also auf Englisch miteinander unterhalten müssen. Ich frage, ob sie Englisch sprechen können. Einer sagt gleich ja, der andere vor mir auf dem Tisch zögert und verneint eher. Wir veranstalten Ratespiele: Wie alt wir seien und woher wir kämen. Die Jungen verraten sich gleich und sagen, dass sie türkisch seien. Auf die Frage nach meinem Alter frage ich zurück, was sie denn schätzen würden. Auch der Schüchterne, der genau vor meinem Gesicht sitzt, hat mittlerweile seine Zurückhaltung abgelegt. Er geht englischsprachige Länder durch, um meine Herkunft zu erraten: Irland, Schottland etc. Ich schüttle den Kopf und spitze die Rätselaufgabe zu wie der Geist aus Aladins Wunderlampe. Ich sage, ich könne zwar ein bisschen englisch sprechen, aber eigentlich spreche ich eine ganz andere Sprache. Der nächste Tipp fällt auf „from Tyskland", als hätten es alle im Prinzip geahnt und waren nur der Sprache wegen verunsichert. Ich lobe den Ratesieger und will wissen, wie er drauf gekommen sei. Er weiß es nicht recht. Einer der drei rattert sofort die Namen deutscher Fußballspieler herunter. Ich zeige mich beeindruckt. (Obwohl ich selbst von Fußball keine Ahnung habe, sind mir zum Glück wenigstens die Namen geläufig, was meinen Gesichtsausdruck vor allzu großer Leere rettet...)

Der vor mir sitzt und die Namen aufgezählt hat, springt mit einem Satz vom Tisch und gibt mir mit dem Ball eine Probe seines Könnens. Ich verweise auf ein Schild an der gegenüber liegenden Hauswand, welches Ballspiele hier zwischen den Häusern verbietet. Die Szene kommt mir jetzt wie Situationskomik vor. Die drei bestätigen mit langen Gesichtern und entgegnen, sie spielen normalerweise unten in der Nähe des Sportplatzes – da sei es erlaubt. Ich frage noch, ob sie zur Schule gingen, ob sie schwedisch können und als sie ja sagen, frage ich, ob es schwer sei, schwedisch zu lernen. Sehr schwer, meinen sie. Als ich mich zu geizig zeige, ihnen ein Eis zu spendieren, verlieren sie das Interesse und gehen weg – einer nach dem anderen, aber nicht, ohne sich mit „bye bye" zu verabschieden. Mit dem, der am besten englisch gesprochen hat, reiche ich mir die Hand und frage, wie er heiße, sage meinen Namen und will noch wissen, ob er jetzt nach Hause gehe. Er sagt „yes" und „hej då".

Ich bin gut gelaunt. Die in der Tat ganz unschwedische Neugier, Unerschrockenheit, Direktheit und Sprachgewandtheit der drei hat mich beeindruckt. Ich denke etwas Komisches: Das ist Europas Zukunft ...

9. Fazit

Wenn behauptet wird, die Peripherie hätte die Qualität von Nicht-orten (Mark Augé), sei anonym und zumeist ohne Identität, möchte meine Studie dieser These widersprechen, denn jede Peripherie ist anders! Jede Stadt besitzt ihre ganz spezifische Peripherie. Sie unterscheidet sich nach Himmelsrichtungen, Anbindungen, der städtebaulich-räumlichen Qualität, ihrer Sozialstruktur etc. Alles hängt dabei mit allem zusammen. Um die Besonderheiten zu erkennen, muss man auf den lokalen Maßstab fokussieren, denn Leben und Alltag der Menschen spielen sich unter ganz präzisen Konditionen ab.

Der überwiegende Teil der Einwohner von Stockholm wohnt außerhalb des „historischen" Teils der Stadt [III]. Das Leben an der Peripherie hat Eigenständigkeit gewonnen. Die Eigenständigkeit hat zu eigenen Werten geführt, die sich von den traditionellen Werten der Stadt unterscheiden, denn auf dem inhaltsdünnen Untergrund der Peripherie konturiert sich Alltagsroutine schärfer als in den kulturdichten Verflechtungen, die sich um den Innenstadtbewohner spinnen. Im gesellschaftlichen Durchschnitt niedrigere Einkommen, eine höhere Arbeitslosigkeit, höhere Krankheitsziffern und eine frühere Pensionierungsrate zählen zu den Charakteristika peripherer Stadtquartiere [IV] – aber auch eine größere Chance, Immigranten ein normales, schwedisches Leben zu bieten, wo die Innenstadt nur diskriminiert. Der Wertehaushalt der Peripherie hat den Wertehorizont der gesamten Gesellschaft bestimmt. Wie sich das ausdrückt, habe ich in meinem Forschungsreisebericht ausführlicher dargelegt.

[III] *Im Kommunegebiet hat Stockholm 743 703 Einwohner; im metropolitanen Raum dagegen 1 643 366. Das sind mehr als 220% „draußen".*

[IV] *besonders bei lang anhaltenden Krankheiten*

10. Bibliografie

Andersson, Magnus (Text); Monastra, Nino (Fotos): *Stockholm's Annual Rings. A glimpse into the development of the City*, Stockholmia Förlag, Stockholm, 1998

Åström, Kell: *City Planning in Sweden*, The Swedish Institut, Victor Pettersons Bokindustri AB, Stockholm, 1967

Böhme, Kai: *Schweden – ein Modell für Konsens und Rationalität? Neue Wege in der Regionalplanung in der Region Stockholm*, in: Raumforschung und Raumordnung, Heft 5/6, 57. Jahrgang, Carl Heymanns Verlag, Köln, 2000

Frykman, Jonas; Löfgren, Orvar (Hrsg.): *Force of Habit. Exploring Everyday Culture*, Lund University Press, Lund, 1996

Glässer, Ewald (Hrsg.); Galli, Max: *Nordeuropa. Norwegen, Schweden, Finnland, Dänemark, Island*, Harenberg Kommunikationen Verlags- und Mediengesellschaft mbH&Co. KG, Dortmund, 1994

Großjohann, Wilfried: *Klassenkämpfe in Schweden heute*, Marxistische Taschenbücher, Verlag Marxistische Blätter GmbH, Frankfurt, 1975

Heinrichs, Werner: *Schweden. Vielfalt von Kunst und Landschaft im Herzen Skandinaviens*, DuMont Buchverlag, Köln, 2. Auflage, 1995

Hultin, Olof; Johansson, Bengt OH; Mårtelius, Johan; Waern, Rasmus: *The Complete Guide to Architecture in Stockholm*, Arkitektur Förlag AB, Stockholm, 1998

Khakee, A.; Elander, I.; Sunesson, S. (Hrsg.): *Remarkong the Welfare State*, Avebury-Verlag, Aldershot (Engl.), 1995

Lanesjö, Bo: *The Development of Stockholm*, City Administrative Office, The Department of Information and Consumer Services, Stockholm, 1989

Molina, Irene: *Stadens rasifiering. Etnisk boendesegregation i folkhemmet. Racialisation of the City. Ethnic Residential Segregation in the Swedish Folkhem*, Geografiska regionalstudier 32, englische Zusammenfassung, Uppsala 1997

Nyström, Louise: *City and Culture. Cultural Processes and Urban Sustanibility*, Editor: Louise Nyström in cooperation with Colin Fudge, The Swedish Urban Environment Council, Karlskrona, 1999

O'Dell, Tom: *Culture unbound*, Nordic Academic Press, Lund, 1997

Stahre, Ulf: *The alternative City. The rebuilding of Stockholm and urban protest movements*, Abstrakt einer Tagung am 12.1.2000

Neue Methoden sozialverträglicher Entwicklung von Stadt-Landschaften

Christof Brandis

geboren 1962
Dipl.-Ing. (FH) Landschaftsarchitektur
Dipolm 1988, FH Weihenstephan
Dipl.-Ing. (FH) Wirtschafts-
ingenieurwesen
Diplom 1992, FH Frankfurt
seit 1999 Studium der
Europäischen Urbanistik an der
Bauhaus-Universität Weimar

– new methods in socially compatible development of urban landscapes im Interreg II c Programm (0029) der North Western Metropolitan Area (NWMA)

1. Projekttitel und Projektpartner
2. Struktur des Modellprojekts
3. Inhalte des Modellprojekts
4. Ergebnisse des Modellprojekts
5. Literatur

Projektpartner   FEH Forschungs- und Entwicklungsgesellschaft Hessen mbH, Wiesbaden, D (--> Seite 13 + 20)

1. Projekttitel und Projektpartner

„new methods in socially compatible development of urban landscapes – Neue Methoden sozialverträglicher Entwicklung von Stadt-Landschaften" im Interreg II c Programm (0029) der Europäischen Kommission im Nordwest-Europäischen Metropolraum (NWMA)

Projektbezogene Partner der FEH:
London (Government Office for London)
Paris (Direction régional de l'équipement d'Ile de France)
Luxemburg (Ministère de l'Intérieur Aménagement du territoire)
Amsterdam (Municipality of Amsterdam und Universiteit van Amsterdam)
Rheinland-Pfalz (Raumordnungsverband Rhein-Neckar)
Rhein-Ruhr (Institut für Landes- und Stadtentwicklungsforschung)
Rhein-Main (Umlandverband Frankfurt)
Saarland (AGL)

Projektpartner FEH:
Beratungsgesellschaft für das Land Hessen, die Regionen und Kommunen für die Unternehmensbereiche Wirtschafts- und Regionalforschung / Planung und Entwicklung.
Durchführung und Koordination von Projekten in der Raumordnung und Infrastruktur, Struktur- und Entwicklungsplanung, Flächenmobilisierung und Standortentwicklung. Erarbeitung wirtschaftlicher Analysen und Prognosen.
Zu 55 % im Eigentum des Landes Hessen; zu 45 % im Eigentum der Investitionsbank Hessen AG (IBH).
Die Investitionsbank Hessen AG beschäftigt etwa 160 Mitarbeiter/innen; davon etwa 35 bei der FEH.

2. Struktur des Modellprojekts

Das Modellprojekt ist ein Projekt der Gemeinschaftsinitiative zur Förderung der transnationalen Zusammenarbeit in der Raumordnung im Rahmen des Interreg II c Programms der Europäischen Kommission.
Interreg II c ist ein Strukturprogramm, das die europäische Zusammenarbeit in gemeinsamen Verwaltungs- und Finanzstrukturen einüben soll, um neue Verfahren und Formen der transnationalen

Abb. 1

Zusammenarbeit zwischen der Kommission und den Mitgliedsstaaten zu ermöglichen.

Ziel des Programms ist es, die Raumordnung und die Zusammenarbeit in großen zusammenhängenden Räumen zu verbessern, um eine ausgewogene und nachhaltige Raumentwicklung in Europa zu fördern.

Die North Western Metropolitan Area (NWMA) ist einer von fünf Kooperationsräumen, welchem die Länder Großbritannien, Irland, Frankreich, Niederlande, Belgien, Luxemburg und Deutschland angehören. Dieser ist durch eine hohe Konzentration von Wirtschaftsaktivitäten, die Exiszenz hoch entwickelter Infrastrukturnetze in trans-urbanen Regionen, eine hohe Bevölkerungsanzahl und -dichte sowie ein vielfältiges kulturelles Erbe gekennzeichnet.

Das Modellprojekt mit der Thematik „New methods in socially compatible development of urban landscapes" (Neue Methoden sozialverträglicher Entwicklung von Stadt-Landschaften) entsteht unter Beteiligung von insgesamt 9 Projektpartnern innerhalb der NWMA.

Die an dem Projekt beteiligten nationalen Partner sind die Bundesländer Rheinland-Pfalz (Raumordnungsverband Rhein-Neckar), Saarland (AGL), Nordrhein-Westfalen (ILS) und Hessen (Umlandverband Frankfurt). Als internationale Partner sind die Länder Großbritannien (Government Office for London), Frankreich (Direction régional de l'équipement d'Ile de France), Luxemburg (Ministère de l'Intérieur Aménagement du territoire) und Niederlande (Municipality of Amsterdam und Universiteit van Amsterdam) mit ihren Regionen vertreten. (Abb. 1)

Die Laufzeit dieses Projektes beträgt etwa zwei Jahre und ist auf eine interdisziplinäre Zusammenarbeit der beteiligten Projektpartner angelegt. Die verantwortliche Federführung für das Gesamtprojekt liegt beim Land Hessen, vertreten durch das Ministerium für Wirtschaft, Landesentwicklung und Verkehr, Wiesbaden, in seiner Funktion als lead applicant. Es wird für diese Aufgabe durch die Forschungs- und Entwicklungsgesellschaft Hessen mbH (FEH), Wiesbaden, als Projekt-Koordinator unterstützt.

Die Finanzierung erfolgt je zur Hälfte durch die beteiligten Länder und die Regionen sowie durch Zuschüsse der Europäischen Kommission. Das hierfür zur Verfügung stehende Budget für das Gesamtprojekt beläuft sich auf insgesamt 1.254.510 Euro.

Die Facharbeit erfolgt von Herbst 1999 bis Herbst 2001 in vier Teilprojekten (sub-projects) mit verschiedenen thematischen Schwerpunkten:

1. Social functions of urban landcapes (Sozialfunkionen von Stadt-Landschaften),
2. design and interconnection of leisure and local recreation facilities (Ausstattung und Vernetzung von Naherholungs- und Freizeitangeboten),
3. socially compatible area management (Sozialverträgliches Flächenmanagement),
4. mobilisation of regional potential in co-operative planning processes (Mobilisierung regionaler Potentiale in kooperativen Planungsprozessen).

Die Leitung der Teilprojekte wird für sub-project 1 von einer task force, für sub-project 2 vom Saarland (AGL) und vom Umlandverband Frankfurt (UVF), für sub-project 3 von Rheinland-Pfalz (Raumordnungsverband Rhein-Neckar) und für sub-project 4 von Nordrhein-Westfalen (ILS) wahrgenommen.

3. Inhalte des Modellprojekts
Der Nordwesteuropäische Metropolraum (NWMA) mit seinen Wirtschaftszentren London, Paris, Amsterdam, Brüssel und Frankfurt, weist deutlich intraregionale Unterschiede auf. Räumlich ist er durch eine zunehmende Verstädterung gekennzeichnet. Auf seiner Gesamtfläche leben etwa 170 Mio. Menschen, was etwa 45 % der EU-Bevölkerung auf einem Viertel der EU-Gesamtfläche entspricht. Bereits im Jahr 2010 wird das natürliche Bevölkerungswachstum zum Stillstand kommen, wodurch die Immigration zur wichtigsten Quelle der Bevölkerungsentwicklung werden wird. (Abb. 2)
    Die NWMA wird im Wesentlichen durch folgende vier raumwirksame Prozesse beeinflusst:

Globalisierung
Die wirtschaftliche Globalisierung produziert eine neue Räumlichkeit und lässt mit steigender Anonymität und Entfremdung das Bedürfnis nach Identifikation und Orientierung entstehen, womit der Ausbildung von identitätsstarken und -bildenden Orten eine wichtige Bedeutung zukommt.

Medialisierung
Die fortschreitende Medialisierung und Technologisierung erfordert insbesondere für eine auf Innovationsstärke und human capital basierende Wirtschaftsentwicklung eine uneingeschränkte Zugänglichkeit zu Information und Kommunikationsnetzen.

Abb. 2

Abb. 3   Abb. 4

Heterogenisierung
Die zunehmende Heterogenisierung der Bevölkerung durch ethnische
und kulturelle Gruppen erfordert eine höhere Akzeptanz und ist nur
durch eine wachsende Integrationsfähigkeit der Gesellschaft zu erreichen.

Individualisierung
Das Städtische selbst schafft die Voraussetzung für eine Differenzierung der Lebensstile, der Lebensweisen sowie der Kreation eigener
Lebenswelten der Menschen. Hieraus resultiert eine Nachfrage nach
attraktiven und multifunktional nutzbaren Räumen mit hoher Aufent-
halts-, Erholungs- und Erlebnisqualität sowie nach einer hochstehen-
den, ästhetischen Anmutung des öffentlichen Raumes. (Abb. 3)

Die vier raumwirksamen Prozesse mit den daraus ableitbaren
menschlichen Bedürfnissen im Überblick:

Globalisierung – Identifikation mit dem Ort
Medialisierung – Zugänglichkeit zu Information und
                        Kommunikationsnetzen
Heterogenisierung – Akzeptanz von Menschen anderer kultureller und
                        sozialer Herkunft
Individualisierung – Räumliche Attraktivität

Hieraus ergeben sich vier Handlungsfelder, um der Herausforderung
der sozialen Bedeutung von Stadtlandschaften gerecht zu werden:

Regierbarkeit
Neubestimmung überschaubarer räumlicher Einheiten mit regionaler
Identität jenseits fest gefügter politischer Verwaltungsgrenzen in einer
Zeit, in der die Bedeutung der Nationalstaaten vor der zunehmenden
Bedeutung der Stadtregionen in den Hintergrund tritt.

Kommunikation
Gewährleistung einer uneingeschränkten Zugänglichkeit zu Infra-
struktur- und Kommunikationsnetzen zur Interaktion und zur Organisation in Netzwerken.

Kulturelles Kapital
Förderung der Fähigkeit, kulturelles Kapital als eine Form von human
capital in soziales Kapital nach der Theorie kultureller Anthropologie
(Pierre Bourdieu) zu transformieren.

Öffentlicher Raum
Aufwertung des öffentlichen Raumes durch Erlebbarkeit der sozialen
Dimension und als Ausdruck der Gestaltung gesellschaftlicher Prozesse
unter Berücksichtigung des Ästhetischen und des Multifunktionalen.
(Abb. 4)

4. Ergebnisse des Modellprojekts

Die Aufgabe von sub-project 1 bestand darin, ein theoretisches
framework einer soziologisch-räumlichen Vision für die NWMA unter
dem Aspekt der Sozialverträglichkeit und Nachhaltigkeit zu erarbeiten. Eine hierfür eingerichtete task force, die sich aus den verantwortlichen Leitern der anderen sub-projects zusammensetzte, sicherte die
Koordination, den Austausch und den fachlichen Transfer.

Während des Projektsemesters wurden in einer description of
sub-project 1 die Struktur, die Thematik, das Ziel und die Vorgehens-
weise sowie sich daraus ergebende allgemeine Fragestellungen für
sub-project 1 entwickelt. Die inhaltliche Aufgabenstellung wurde in
einem kooperativen Verfahren erarbeitet, das einen general approach,
einen regional approach und conclusions, principles and recommen-
dations zum Ergebnis hatte.

Das Ziel ist, Empfehlungen für eine Integration der sozialen
und kulturellen Dimension und Möglichkeiten für eine Operationali-
sierung in die räumliche Planung aufzuzeigen.

Die Schwerpunkte der weiteren Arbeit liegen in der Darstellung
der soziologischen Prozesse und ihrer räumlichen Auswirkung, bezogen auf spezifische pilot studies der jeweiligen Projektpartner.

Zwischenzeitlich wurden in zwei workshops in Amsterdam und in
Luxemburg die Zwischenergebnisse den beteiligten Projektpartnern
präsentiert und an zwei pilot studies, Midden-Delfland (Randstad)
und Burgess Park (London South Central), mit den Projektpartnern
diskutiert.

Die Thematik des Modellprojektes enthält wesentliche Aspekte
des aktuellen urbanistischen Diskurses im europäischen Kontext. Es
konnte gezeigt werden, dass Kenntnisse über Architektur und Raum
mit dem Wissen der Soziologie innerhalb dieses Interreg-Projekts mit
forschungsähnlichem Charakter fruchtbar miteinander verbunden
werden können.

Mit der aus dem Projektsemester entstandenen Kooperation
zwischen der Forschungs- und Entwicklungsgesellschaft mbH, Hessen,
als Beauftragte des Hessischen Ministeriums für Wirtschaft, Landesentwicklung und Verkehr und der Bauhaus-Universität hat sich eine
Einbindung der Europäischen Urbanistik in ein Interreg II c Programm
innerhalb der NWMA zu einer Thematik mit vielfältigen Anknüpfungs-
möglichkeiten ergeben.

5. Literatur

Bundesministerium für Raumordnung, Bauwesen und Städtebau (Hrsg.): *Interreg II c – Transnationale Zusammenarbeit in der Raumordnung*, Bonn 1998.

web-sites:
www.nwma.interregiic.org
www.new-urban-landscapes.org

Amerikanische und europäische Stadt im Entwicklungsvergleich

Matthias Hardinghaus

geboren 1972
Dipl.-Ing. Architektur
Diplom 1999,
Bauhaus-Universität Weimar
seit 1999 Studium der
Europäischen Urbanistik an der
Bauhaus-Universität Weimar

1. Erkenntnisinteresse
2. Europa: Land und Stadt
3. Methode
4. Amerika: Wildnis und Stadt
5. Fazit
6. Literatur

Projektpartner   The Urban Institute, Washington D.C., USA (--> Seite 15 + 36)

1. Erkenntnisinteresse

Inspiriert durch den „Transatlantic Flow" und der sog. „Amerikanisierung der europäischen Stadt" findet das Forschungsprojekt eine Ausgangsfragestellung, die sich auf die Formel zuspitzen lässt: Was hat Amerika mit Europa gemacht?

Was ist aus der Ideenwelt der europäischen Stadt auf amerikanischem Boden geworden? Das Projekt führt eine urbane Verhandlung, die letztlich das Verhältnis von Siedlungskultur und topologischer Entwicklung verständlicher machen möchte.

Das Theorem des „Transatlantic Flows" ist im städtebaulichen Diskurs zuletzt ausführlich vom amerikanischen Architekturtheoretiker Mario Gandelsonas (1999) in seinem Buch *X-Urbanism* diskutiert worden. Er macht für die Entwicklung amerikanischer Städte sowohl die transatlantische Beziehung zwischen Amerika und Europa verantwortlich als auch „a specific nature of the temporal dimension of the urban processes in the New World" – die amerikanische Geschichte. Der „Transatlantic Flow" sei demnach Zirkulation und Transfer zwischen amerikanischer und europäischer Stadt und Architektur – schließlich ein Kontinuum zwischen Menschen. Der Fluss der Formen hätte sich gedreht. Die amerikanische Stadt, so Gandelsonas, sei die Essenz für den Städtebau im 21. Jahrhundert. (Nur am Rande bemerkt, weil in der Gesamtschau von großer Bedeutung: Gandelsonas reflektiert die mittelalterliche Stadt Europas als ökonomisches Koma und Zentrum politischer Unfreiheit.)

Bewundernde, skeptische und z. T. scharf ablehnende Äußerungen zur „Amerikanisierung" der eigenen Welt setzen in Mitteleuropa nach der vorletzten Jahrhundertwende ein. Seit den 1920er Jahren verdichteten sie sich zu einem viel verwendeten Topos, der in unterschiedlichen Facetten bis in die heutige Zeit seine Verwendung findet. So unterschiedlich die Akzente gesetzt wurden, so präsent waren Hoffnungen, vielfach jedoch auch Ängste und Sorgen. Die Imaginationen und Bilder Amerikas als ein irdisches Paradies des Überflusses und der Selbstbestimmung besaßen enorme Prägekraft und Reichweite. Amerikanismus, Amerikanisierung, Amerikanisation oder gar Amerikanität sind die Schlagworte, die seit den 1920ern den Einfluss Amerikas auf Europa abzudecken suchten (vgl. Lüdtke, 1996). Der Stadtsoziologe Hartmut Häußermann (1997) thematisiert zwar nicht, wie Gandelsonas, stadträumliche Formen, aber auch er bleibt undeutlich: Der Wandel in den Tendenzen und Bedingungen der Stadtentwicklung in Europa sowie die politische Philosophie der Stadtpolitik würden zweifellos auf eine stärkere „Amerikanisierung" der deutschen Städte deuten.

Der poetisch anmutende Begriff „Transatlantic Flow" ist nicht hinreichend geklärt. Er wird deshalb nicht als ein Naturgesetz im Sinne einer städtebaulichen Genealogie verhandelt. So ist es z. B. genauso müßig, über die Erfindung des Gitternetzes zu debattieren wie nach dem Ursprung der Geometrie zu fragen. Der Beitrag Gandelsonas' wird als Teil eines amerikanischen Selbstverständnisses bewertet. Unter „Amerikanisierung" wird zunächst das Freiheitsverständnis eines politischen Liberalismus' im Sinne eines Megatrends verstanden. Die Verräumlichung – als Folge dieses Megatrends – als ein Wechselspiel von städtebaulichen und architektonischen Formen zu thematisieren muss vage und unscharf bleiben, gibt es doch im Verhältnis von Topologie und politischer Kultur in Amerika selbst noch genügend zu entdecken. Daraus zieht das Projekt den methodischen Schluss, ab einem gewissen Stand ausschließlich den amerikanischen Kontinent zu fokussieren; und einen irgendwie gearteten „Flow" zwischen Amerika und Europa schwerpunktmäßig nicht zu besprechen. Die Beiträge Gandelsonas' und Häußermanns sind beispielhafte Anschlusspunkte im wissenschaftlichen Diskurs.

Die interkontinentale Zirkulation von architektonischen und städtebaulichen Formen schafft ein Spannungsfeld, das Fragen nach den kulturellen Bedingungen der Rezeption und des Transfers dieser Formen offen lässt. Könnten sie bspw. eher (a) von der überlegenen Funktionalität einer Typologie oder Form selbst abhängen, (b) von den Problemen der rezipierenden Kultur oder (c) von der überkulturellen Hegemonie eines bestimmten Kulturmodells (bspw. Hegemonie des Kulturmodells „American way of life")? Oder könnte es sein, dass sich globale Kulturen herausbilden, die Typen und Strukturen erfordern, die nicht mehr nationalen Traditionen unterliegen? Das Projekt wird diesen Fragekomplex nicht klären können, versteht sich aber als ein Beitrag, der dieser allgemeinen Problematik auf dem Feld der Urbanistik und der Siedlungsgeschichte begegnen wird.

Der kulturhistorische Ansatz des Projektes beinhaltet ein Erkenntnisinteresse, das von der schlichten Beobachtung eines Städtebauers gespeist wird: Die Siedlungsbilder amerikanischer und europäischer Städte unterscheiden sich deutlich in ihrer baulichen Dichte innerhalb der politisch definierten Grenzen. Auffällig ist die extreme Ausgedehntheit amerikanischer Städte. Im Vergleich lässt sich das amerikanische Muster als dezentral und kaum hierarchisiert charakterisieren; hingegen das europäische Muster als dicht und relativ zentralisiert, zumindest aber polyzentrisch. Mit dem Beginn der Neuzeit setzte ein Prozess ein, in dem Millionen europäischer Siedler den nordamerikanischen Kontinent eroberten. Damit begann in der Neuen Welt, trotz der mittelalterlichen Vorlage Europas, eine tendenziell disperse Stadtentwicklung. Das Projekt verfolgt deshalb das Ziel, „raumrelevante" Argumente zu filtern und zu verhandeln, die einen Verweis auf die tatsächliche topologische Entwicklung ermöglichen. Der „Raum" bleibt dabei ein Medium, durch dessen Beschreibung mehr über die Handlungsweisen erfahren werden möchte, die eben jenen maßgeblich hervorbrachten. Nicht die Siedlungsbilder sind also das Objekt der Untersuchung, sondern die Kultur (Handlungen, Leitbilder etc.) unter bestimmten räumlichen und sozialen Bedingungen. So wichtig

die räumlichen Bedingungen der europäischen Siedler und nachfolgend amerikanischer Generationen auch waren, sie werden erst in
und über Handlungen bedeutsam. Ein Beispiel: Auf beiden Konti-
nenten gibt es Straßenbahnen und Automobile. Ihr funktionaler und
mithin raumrelevanter Einsatz ist unterschiedlich. Während sie auf
der einen Seite als Instrumente der BE-siedlung angesehen werden,
spricht man auf der anderen Seite nicht selten von Medien der ZER-
siedlung. Die Technologie im objektiven Sinne ist identisch, nicht
aber ihr soziokultureller und räumlich strukturierter Kontext. Die
Spur, die ich deshalb verfolgen möchte, beginnt mit einer Befragung
von Siedlungskultur und Siedlungsidealen. Was ist aus der Ideenwelt
der europäischen Stadt des Mittelalters geworden? Hatten die Siedler,
die auf die „Leere" Amerikas trafen, völlig andere Ideen und Ideale?
Möglicherweise ist schon frühzeitig der Grundstein einer Siedlungs-
tradition gelegt worden, der wesentlich für das Verständnis heutiger
Topologie in Amerika ist.

2. Europa: Land und Stadt

„Was hat Amerika mit Europa gemacht?" – Im Gegensatz zum Land
wird die europäische Stadt des Mittelalters durch zwei Eigenschaften
erfolgreich: Zum einen war sie ein Ort der politischen Teilhabe, denn
nur „Stadtluft machte frei"; wer sich emanzipieren wollte, kam in die
Stadt. Und zum anderen war sie der Ort des Handels. Auf dem Markt-
platz konnte ihr Protagonist, der Kaufmann und Händler, agieren und
auf die Begehrlichkeiten der Stadtbewohner reagieren.

Nach dem Untergang des weströmischen Reiches entwickelte sich
in Europa eine Flächenordnung, in der ehemals römisch dominierte
Siedlungen kaum eine Rolle spielten. Östlich des Rheins und nördlich
der Donau überlebte die antike Kultur vor allem in Kirchen und
Klöstern. Wesentliches Element der ländlichen bzw. stadtlosen Ordnung war das Lehnswesen. Räumlich strukturierte es das Leiheland in
Salland, Zinshufe und Allmende. Diese Art der Flächengliederung entstand im fränkischen Reich während des 8. Jahrhunderts und sollte
zur räumlichen Grundstruktur des abendländischen Feudalismus werden. Bereits zu jener Zeit war das europäische Land weitgehend
gegliedert und mit Nutz- und Besitzverhältnissen belegt. Das Land
wurde zum Inbegriff politischer Unfreiheit und ökonomischer
Subsistenz.

Aus einer Opposition zum Land und im Schutze der Mauern
wurden die Kaufleute aus der Ferne zu den Protagonisten der Bürger-
schaft. Die Burgherren verbesserten auf diesem Wege ihre Steuereinnahmen und kamen in den Genuss fremder Welten (Stoffe, Gewürze,
Farben etc.). Die Eigenschaften der Stadt resultierten aus den Handlungsweisen der Bewohner. Ihre sozialen Beziehungen wiesen z. T.
weit über das Territorium der politisch und ökonomisch erfolgreichen
Stadt hinaus (bspw. Handelsnetze). Die „anderen" Eigenschaften der
Stadt prägten nicht nur die Lebensführung ihrer Akteure. Sie gene-
rierten zugleich ein Siedlungsideal, das ein typisches Muster topologischer Ordnung hinterließ. Als Zeichen einer bürgerlichen Unabhängig-
keit wurden Rathäuser gebaut und Marktplätze erweitert. Der Markt
genoss den Schutz der Politik. Zugleich wurde der freie Handel politisch kontrolliert. Es gab strenge Spielregeln, die für einen Interessen-
ausgleich unter den Beteiligten sorgen sollten. Die Selbstbefreiung
aus feudalem Umfeld erhandelte der Kaufmann auf der Basis seiner

ökonomischen Souveränität. In diesen idealisierten Eigenschaften
sehe ich eine politische und wirtschaftliche Dimension der Stadt defi-
niert, die ich (a) als idealtypische Grundlage eines alteuropäischen
Urbanitätsbegriffes verstehe und die (b) nur durch ihre räumliche
Verknüpfung an einen zentralen, territorial gebundenen Ort über
Jahrhunderte zu einem typisch europäischen Lebensmodell werden
konnte. Das Ende des Mittelalters ergab in ihren Grundzügen die
Siedlungsstruktur der Neuzeit.

Mit dem Wegfall seiner Umrisslinie verliert der städtische
Perimeter und damit auch der Prototyp des öffentlichen Raums an
Bedeutung. Absolutismus, Industrialisierung und Bevölkerungswachstum sind nur Stichwörter zu historischen Entwicklungen, die
die europäische Stadt der Neuzeit erheblich beeinflussten.

3. Methode

Sind politische Teilhabe und marktliches Handeln im amerikanischen
Zivilisationsideal noch an einen Ort geknüpft? Sollte die Verknüpfung
aufgehoben sein, was bleibt in der Neuen Welt von den Ideen und
Eigenschaften der europäischen Stadt? An dieser Stelle eine Bemer-
kung zur Methode und Argumentationsweise des Projektes: Bis hier-
her ist ein Gegenstand namens „Idealtypus alteuropäischer Urbanität"
modelliert worden. Entsprechend der Ausgangsfrage handelt es sich
nun um die Einbettung des Objektes – und seiner Transformation
hinsichtlich meiner Hypothese – in einen anderen soziokulturellen
und räumlich strukturierten Kontext. Der Entwurf des amerikanischen
Siedlungsideals ist historisch angelegt und versteht sich als ein Netzwerk von Argumenten aus politischen und wirtschaftlichen Werten.
Auffallend ist deren Verflechtung mit einer Vielzahl amerikanischer
Mythen, die sich immer wieder durch biblische Rekurse auszeichnen
und einer puritanischen Moral- und Ideenwelt zu entstammen schei-
nen (chosen people, virgin land, city upon the hill, ideal of individu-
alism etc.). In ihnen liegt nicht nur ein wichtiges Element amerikanischer Identität, sondern möglicherweise auch ein entscheidender, ja
konstitutiver Teil amerikanischer Siedlungsentwicklung. Weil politische und soziale Autorität aufgrund ständigen politischen Wandels
und der sozialen Mobilität der Gesellschaft besonders im 18. und
19. Jahrhundert instabil waren, wächst der Kultur eine wichtige
Orientierungsfunktion für die Gesellschaft zu. Das erklärt die erstaun-
liche Langlebigkeit und Wirkungsmacht bestimmter Themen und
Motive aus der amerikanischen Mythenwelt. Für dieses Projekt sind
sie deshalb von herausragender Bedeutung, weil sich die Siedler auf
diese Weise Leitbilder und Ideale für die Besiedlung und für den
Umgang mit einer völlig neuen räumlich-geographischen Situation
schufen.

4. Amerika: Wildnis und Stadt

Im 18. Jahrhundert gliedert sich der amerikanische Siedlungsraum
in einige Handelszentren; und in eine von Indianern bewohnte
Landschaftsform, die von den ersten Siedlern als „Wilderness" bzw.
„Hinterlands" identifiziert wurde. Offiziell verwaltete das U.S. Bureau
of Census die unerschlossenen Flächen als „Frontier Territory". Mitte
des 19. Jahrhunderts benutzten die Demographen die Two-Person-
per-square-mile-Regel, um eine Nordsüdlinie über das U.S. Territorium zu ziehen.

Die Linie zeigte die jährliche Erschließung Amerikas in westliche Richtung. 1890 erklärte das Bureau of Census den Vorgang für abgeschlossen.

Die ersten Ansiedlungen an der amerikanischen Ostküste gingen aus europäischen Kolonialhäfen hervor. Sie entwickelten sich zu Distributions- und Handelszentren, deren Organisation zunächst die Kolonialmächte übernahmen. Hier kamen die Schiffe mit Menschen, Waren und Rohstoffen aus Europa und später aus Afrika an, die erst die eigene Stadt und dann weiter westlich liegende Flächen versorgten. Sie organisierten die Besiedlung des Landes und beschleunigten das wirtschaftliche Wachstum. Der Prototyp einer frühen amerikanischen Ansiedlung war ein strategisch gelegener Hafen und Handelsplatz. Er war für die transatlantische Schifffahrt leicht zugänglich und lag idealerweise an einer Wasserstraße, die in das Hinterland führte. Bemerkenswert: Industrialisierung und viele Stadtgründungen fielen in einen Zeitraum.

Einen Gegenpol zum Zentrum nach europäischem Vorbild konnte es nicht geben. Eine Aufgliederung nach europäisch-feudalem Muster in „Stadt und Land" ist nicht möglich. Selbst wenn von einem „ländlichen Ideal" in Amerika gesprochen wird, geschieht das immer im Spannungsfeld zwischen Wildnis und einer Imagination, die an europäisch tradierte Siedlungsformen erinnert.

5. Fazit

Die politische Dimension im amerikanischen Siedlungsideal reflektierte als erster prominenter Vertreter Thomas Jefferson Anfang des 19. Jahrhunderts. Er besprach das ländliche Ideal amerikanischer Zivilisation in seinen Demokratievorstellungen. Das Ideal beruht auf einem tiefen Glauben in ein ländliches Leben, das tugendhaft und gut für die menschliche Seele sei, weil es persönliche Sünden zurückhalte. Nach Ansicht Jeffersons finde es seinen räumlichen Ausdruck in kleinen ländlichen Gemeinden [communities]. Politisch könne so eine gleichberechtigte Kontrolle über die Arbeit der örtlichen Regierung praktiziert werden. Zugleich fasst die Landethik Jeffersons die Stadt als Symbol der Korruption, der Unordnung und der sozialen Ungerechtigkeit auf. Schließlich führte dies zu einer moralischen Dichotomie, die die Stadt als künstlich, unvollständig und temporär und das Land als einfach, vollendet und zeitlos betrachtete.

Das Bild eines autarken Amerikaners im Reichtum eines pastoralen Landschaftsgartens wurde zum dominanten Symbol amerikanischer Kultur im 19. Jahrhundert. Die Metapher des Gartens drückt Wachstum, Vermehrung und glückselige Arbeit auf Erden aus. Das Bild der heroischen Figur des Frontier Farmers trägt Erinnerungen eines früheren, ursprünglicheren und glücklicheren Lebenszustandes in sich. Mit einem Blick zurück versuchte der Amerikaner, der damals negativ konnotierten europäischen Stadt, aber auch eigenen Erfahrungen der Industrialisierung zu entkommen. Amerika musste sich selbst erst einmal definieren, eigene Ideale und Identitäten schaffen. Wollte man eine Neue Welt sein, musste man sich von der Alten Welt emanzipieren. Die frühen Bilder amerikanischer Siedlungsideale können mit einem Animus gegen die Stadt assoziiert werden.

Wichtiger Teil des amerikanischen Kulturmodells, also des American Way of Life, ist das unantastbare Recht zur Selbstentfaltung und das Durchsetzen der eigenen Ansprüche im persönlichen Streben nach Glück und Erfolg, vor allem aber nach materiellem Besitz.

Der Historiker Sam Warner (1968) nennt als erstes Ziel eines Bürgers den Wunsch nach Wohlstand und Reichtum: „(...) the goal of a city is to be a community of private money makers." Vom ersten Augenblick an seien Erfolg und Versagen der amerikanischen Stadt an die Gesetze des privaten Marktes gebunden. Er verlange nach Arbeitern, nach der Unterteilung des Landes in Areale, nach Häusern, Geschäften und Fabriken. So hätten letztlich die Bedürfnisse des Marktes nach öffentlicher Infrastruktur die Form der Stadt geprägt.

Im amerikanischen Siedlungsideal ergab das Stadtwachstum selbst eine Dissonanz, die wiederum nicht zuletzt ihre Ursache in weitgehender Marktorientierung fand. Die zunehmende Verdichtung von Fabriken, Geschäften, Mietshäusern und der unaufhörlich scheinende Zustrom von Immigranten sorgten für ein Umfeld, das die sog. amerikanische Mittelklasse veranlasste, der Stadt sobald wie möglich den Rücken zu kehren. Wer sich emanzipieren wollte, verließ das Zentrum. Während das politische Ideal zentrale Orte ablehnte, wurden sie zur Wahrung wirtschaftlicher Interessen benötigt. Die Stadt als Ort der politischen Teilhabe, so meine Hypothese, fehlt im amerikanischen Siedlungsideal. Es zieht sich in den Raum der dritten Art, der Wildnis, dem vermeintlichen Land, zurück. Die politische Mitbestimmung wird natürlich auch in Städten praktiziert. Idealisiert bleibt sie jedoch auf rurale und extrem dezentrale Lebensführung fokussiert wie es bspw. im Jefferson'schen Bild der Community existiert. Anders als in der europäischen Stadt des Mittelalters ist die politische und wirtschaftliche Dimension nicht mehr an einen Ort geknüpft. Thomas Jefferson und George Washington entwickelten ihre Visionen aus einer Großstadtfeindlichkeit, die auch europäischen Erfahrungen der Frühindustrialisierung geschuldet war. Sie begründeten damit eine amerikanische Tradition, in der die urbanen Eigenschaften der Stadt nicht mehr deckungsgleich mit dem urbanen Lebensstil des mittelalterlichen Europas waren.

Ein Konsens über Demokratie und ein typisch angloamerikanisches Freiheitsideal schien den politischen Aktionsraum „Stadt" nicht mehr zu benötigen. Seine Gestaltung wäre demnach dem Markt überlassen. Viele amerikanische Autoren, die über Stadtentwicklung schreiben, verknüpfen den Begriff „Urbanität" nicht mit politischer Teilhabe und stehen damit klar in der Tradition Thomas Jeffersons. Die Stadt wird fast ausschließlich als Ort des Marktes und des Arbeitens begriffen. „Jobs as the essence of urbanism", solche oder ähnliche Zitate finden sie bei Ernest Burgess, Louis Wirth, Sam Warner, Joel Garreau u.v.a.m. Die sog. Edge Cities hätten, nach Gandelsonas, Amerika in ein „colossal urbanized territory" transformiert. Sharon Zukin diskutiert die Stadt als „landscape of consumption". Saskia Sassen begreift die sog. Global Cities als weltweit agierende Finanz- und Wirtschaftszentren. Die marktliche Dimension im amerikanischen Siedlungsideal umfasst die Notwendigkeit zentraler Orte und verhandelt die Stadt und ihre urbanen Qualitäten vorwiegend als Handels- und Wirtschaftsplattform. Anders hingegen die politische Dimension: Sie findet ihren räumlichen Ausdruck in dispersen, horizontalen und ruralen Siedlungsformen. Sie wird u. a. durch Werke von Thomas Jefferson, Ralph Waldo Emerson, Andrew J. Downing und von Frank Lloyd Wright geprägt.

Der Konflikt zwischen der Figur des Frontier Farmers, dem Mythos des genuinen Amerikaners, und der urbanen Attraktivität der Stadt als technologischer Wirtschaftsstandort schien in einer suburbanen Siedlungsideologie gelöst zu sein. Das rurale Ideal transformierte in ein suburbanes. Der mit Abstand größte Teil amerikanischer Topologie wird durch das „single detached house" bestimmt.

In der Gesamtschau aus europäischer Perspektive bewegt sich die amerikanische Topologie scheinbar willkürlich (weil geographisch kaum hierarchisch und kaum strukturiert) in einem Spannungsverhältnis Dezentralisierung/Dekonzentration und Zentralisierung/Agglomeration.

Der Ausblick auf die räumlichen Konsequenzen muss Fragen offen lassen. Aus der Modellierung eines Siedlungsideals kann keine verbindliche Regel entwickelt, geschweige denn eine städtebauliche Typologie über die topologische Realität Amerikas gelegt werden. Es ist allerdings eine Tendenz einer räumlichen Entwicklung in einem typischen geographischen Kontext angesprochen und ein wahrscheinlicher Zusammenhang zur amerikanischen Lebensführung nachvollziehbar gemacht worden. Resümierend, als vorläufiges Fazit, gibt es viele Anzeichen, die auf grundsätzliche Unterschiede im Urbanitätsverständnis des alten Europas und der Neuen Welt verweisen. Vor dem Hintergrund der Differenz zum alteuropäischen Vorläufer wird womöglich die topologische Entwicklung im Kulturraum „Amerika" verständlicher.

6. Literatur

Beauregard, Robert and Haila, Anne: *The unavoidable Incompleteness of the City*, American Behavioral Scientist, Vol. 41, No. 3, November/December 1997, p. 327–341

Gandelsonas, Mario: *X-Urbanism: Architecture and the American City*, Princeton Architectural Press. New York 1999

Häußermann, Hartmut: *Amerikanisierung der deutschen Städte – Divergenz und Konvergenz*; in: *Jahrbuch für Architektur und Stadt 1997–1998*, Peter Neitzke, Carl Steckeweh und Reinhart Wustlich (Hrsg.). Vieweg und Sohn. Braunschweig/Wiesbaden 1997

Lütke, Alf, Marßolek, Inge und Saldern, Adelheid von: *Amerikanisierung: Traum und Alptraum im Deutschland des 20. Jahrhunderts*, in: *Transatlantische historische Studien*, Detlef Junker (Hrsg.), Franz Steiner Verlag. Stuttgart 1996

Warner (Jr.), Sam: *The private City, Philadelphia in three Periods of its Growth*, University of Pennsylvania Press. Philadelphia 1968

Städtebauliche Entwicklungsmaßnahme Riedberg in Frankfurt am Main

Wolfgang Wackerl

geboren 1972
Dipl.-Ing. Landschaftsarchitektur
Diplom 1999, TU München-
Weihenstephan
seit 1999 Studium der
Europäischen Urbanistik an der
Bauhaus-Universität Weimar

Ein neuer, kompakter Stadtteil auf der grünen Wiese oder „privatopia" à la Celebration ?

Projektpartner

Forschungs- und Entwicklungsgesellschaft Hessen mbH (FEH),
Wiesbaden, D (--> Seite 13 + 20)

1. Projektpartner FEH/Modellprojekt

Die Forschungs- und Entwicklungsgesellschaft Hessen mbH (FEH) arbeitet seit 1975 als Forschungs- und Planungsinstitut des Landes Hessen. Im Fall Riedberg fungiert die FEH als Treuhänder und Entwicklungsträger der Stadt Frankfurt a. M. .

Struktur: Um komplexe Probleme zu lösen und die Projekte auf eine wissenschaftliche Basis zu stellen, arbeitet die FEH in interdisziplinären Teams und bezieht externes Fachwissen aus anderen Instituten (Netzwerk von Partnern: Forschungsinstitute, Hochschulen, Industrie- und Handelskammern, Statistisches Landesamt sowie Planungsbüros).

Der Aufgabenschwerpunkt des Unternehmensbereiches Planung und Entwicklung liegt in der Konzeption und im Management von Projekten der Stadt- und Regionalentwicklung. Das Arbeitsprogramm umfasst die Schwerpunkte:
• Raumordnung und Infrastruktur,
• Kommunale Struktur- und Entwicklungsplanung,
• Flächenmobilisierung und Standortentwicklung,
• Trägerschaften und Objektentwicklung,
• Informationstransfer.

Allgemeine Projektinformationen:
• Städtebauliche Entwicklungsmaßnahme „Riedberg",
• Standort: zwischen Niederursel und Kalbach auf der „grünen Wiese" (Ackerland) im Nordwesten der Stadt Frankfurt, ca. 8 km von der City entfernt, noch innerhalb der Stadtgemarkung,
• Fläche: 226 ha Entwicklungsbereich,
• Zeitraum: 4 Entwicklungsstufen über 10–15 Jahre (seit 1999),
• Ziel: lebendiger, eigenständiger Universitäts-Stadtteil, in dem 15.000 Bürger leben, 8.000 Studenten studieren und mehrere tausend Arbeitsplätze vorhanden sein sollen,
• Konzept: „kompakte Stadt" – offensive Bekämpfung der Stadtflucht durch citynahes Wohnungsangebot im Grünen, Kombination der Vorzüge von Stadt und Land.

2. Einleitung

Wer plant die Stadt? Kann man Stadt heute überhaupt noch planen? Liegt es also, im Falle von Frankfurt-Riedberg, in der Hand des Stadtplanungsamtes der Stadt Frankfurt, „Stadt zu planen"?

Im Zuge der städtebaulichen Entwicklungsmaßnahme ist die Stadt zumindest für die städtebauliche Konzeption verantwortlich.

Oder ist es ein mächtiger Großinvestor, im Falle von Frankfurt-Riedberg die Münchner Holding CKV, die mit einer eigenständigen Konzeption ihre Vorstellung von Stadt verwirklicht ?

Oder ist es der Projektentwickler und Treuhänder der Stadt, die FEH, die sich innerhalb des Spannungsfeldes zwischen Auftraggeber und Investor bewegt ?

Zu den Aufgaben der FEH gehören der Flächenerwerb, die Neuordnung der Grundstücke, die Organisation der öffentlichen Infrastruktur (einschließlich der Frei- und Grünflächen) und die Veräußerung der Bauflächen. Darüber hinaus liegen in der Kontaktaufnahme und der Verhandlung mit den Investoren sowie der Entwicklung entsprechender Vorschläge zur Vergabe von Optionen weitere Schwerpunkte. Die Entwicklungsgesellschaft steht der Stadt hierbei lediglich beratend zur Seite, entscheidungsfähig ist allein der Auftraggeber, die Stadt Frankfurt.

Abb. 2+3

3. Das Konzept der Stadt Frankfurt – eine kompakte Stadt

Auch wenn Boomtown Frankfurt als globale Bankenstadt – aus wirtschaftlicher Sicht – längst für viele die heimliche Hauptstadt der Bundesrepublik darstellt, kehren jährlich viele junge Unternehmer, die in Frankfurt arbeiten, hinsichtlich der Wohnungswahl der Metropole den Rücken und ziehen ins Umland. Damit verbunden gehen der Stadt wertvolle Steuereinnahmen verloren. Nun soll am Riedberg im Nordwesten Frankfurts (Abb. 2+3), 8 km von der City entfernt (noch innerhalb der Stadtgemarkung), ein selbstständiger Stadtteil mehr oder minder auf der grünen Wiese entstehen, in welchem 15.000 Frankfurter Bürger und Bürgerinnen wohnen, 8.000 Studenten und Studentinnen ausgebildet werden und großzügige Parks zum Radfahren und Spazierengehen einladen sollen (Abb. 7). Eine durchschnittliche Bebauungsdichte von 0,9 (GFZ) und ein erheblicher Anteil von Reihen-, Doppel, ja sogar frei stehenden Einzelhäusern soll gerade junge Familien mit Kindern in der Stadt bzw. stadtnah halten. Skeptiker geben zu Bedenken, die Stadt vergrößere den ohnehin schon flächenfressenden Siedlungsbrei. Die Stadt selbst betrachtet dagegen den Riedberg als „kompakte Stadt": Sie fordert den Blick auf die Gesamtstadt (inklusive der Peripherie) und sieht in dem Konzept entsprechende Angebote für potenziell abwanderungswillige Einwohnergruppen, wodurch der neue Standort offensiv der Stadtflucht begegne. „Es gilt das Auseinanderdriften des ‚kompakten' Sozialgefüges der Gesamtstadt zu verhindern." (Staab/Büttner in Wentz, Die kompakte Stadt, 2000)

Abb. 5

Abb. 6

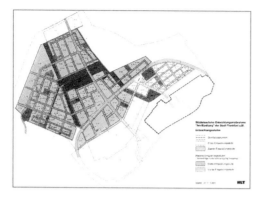

Abb. 7+8

Gleichzeitig sollen Voraussetzungen für einen nutzungsgemischten, vielfältigen Stadtteil geschaffen werden und ein leistungsfähiger, in den Stadtteil integrierter öffentlicher Nahverkehr, der Frankfurts City schnell erreichbar macht und zusätzlichen Pendlerströmen zuvorkommen soll.

Es bleibt die Frage nach der Umsetzung dieses Leitbilds. Über den gesetzlich geforderten Zwischenerwerb der Grundstücke im Zuge der städtebaulichen Entwicklungsmaßnahme erhält die Stadt eine stärkere Handlungsposition als in herkömmlichen Planungsverfahren. Somit war die Stadt Frankfurt bestrebt, „die planungsrechtlichen Festsetzungen im Bebauungsplan zu minimieren und durch vertragliche Regelungen mit den Eigentümern und Investoren zu ergänzen. Ergebnis war ein ‚schlanker' Bebauungsplan, der im Gegensatz zu einem unveränderlichen Entwurf, lediglich prägende Strukturmerkmale und wenige stadträumliche Eckpfeiler definiert, die künftige Veränderungen zulassen beziehungsweise aushalten". (Wentz, 2000) Ein „schlanker" Bebauungsplan lässt grundsätzlich sehr unterschiedliche Investorenmodelle zu. Somit wird der Charakter des zukünftigen Stadtteils letzten Endes von der Auswahl entsprechender Investoren und ihrer Konzepte abhängen. Um die Auswahl entsprechend steuern zu können, ist es jedoch notwendig, gegenüber den Investoren eindeutige Qualitätsziele zu formulieren und einzufordern. Es genügt nicht – wie in der vor kurzer Zeit begonnenen PR-Kampagne geschehen – einen Stadtteil „Für alle mit Weitblick" zu vermarkten, ohne gleichzeitig Inhalte zu vermitteln. Ansonsten besteht die Gefahr, dass das Konzept eines mächtigen Investors dem gesamten Stadtteil seinen Stempel aufdrückt. Gerade dieses Dilemma bahnt sich am Riedberg an.

4. Das Konzept der Parkstadt 2000 – Wohnen in Europa (Abb. 8)
Die Stadt Frankfurt hat sich entgegen den Empfehlungen und trotz großer Bedenken des Entwicklungsträgers dafür entschieden, die ersten beiden Entwicklungsstufen zum überwiegenden Teil an einen einzelnen Groß-Investor zu vergeben. Somit ist es der Münchner Holding CKV möglich, innerhalb des Planungsgebietes Riedberg ihr Konzept der *Parkstadt 2000* zu verwirklichen. (Abb. 9–11) Diese ist als introvertierte – der Tendenz nach privatwirtschaftlich organisierte

„Stadt in der Stadt" vor der Zielsetzung, dem Riedberg insgesamt eine Identität zu verleihen, besonders kritisch zu betrachten.

Die *Parkstadt 2000* stellt eine der Tendenz nach privatwirtschaftlich organisierte, von Konflikten gereinigte, inszenierte Kulissenwelt dar. Die einzelnen Wohnviertel und Parkteile werden nach dem Vorbild verschiedener europäischer Länder fassadenartig gestaltet. Nicht von ungefähr fiel die Wahl auf die liebsten Urlaubsländer der Deutschen: Italien, Spanien, Frankreich, Schweiz. Leben und Wohnen, wie im Urlaub! Oberflächliche Dekors werden an die Fassaden gehängt.

„Die im öffentlichen Raum der einzelnen Viertel vorgesehenen Ruhezonen werden mit Parkbänken, Müllbehältern, Spielgeräten in landestypischen Farben und Elementen ausgestattet. Somit wird durch die verschiedenen Gestaltungsvarianten und Aufnahme landestypischer Merkmale den zukünftigen Bewohnern das Gefühl ‚Wohnen in Europa' vermittelt." (Webside CKV) Mullbehälter in landestypischen Farben werden allen Ernstes als Garanten für europäisches Lebensgefühl betrachtet. Urbanität wird begrifflich auf rein ästhetische Inszenierung der Umwelt reduziert. Auch landschaftlich werden lediglich oberflächliche Klischees verwendet. Hügel mit geschwungenen Wegen und Seen stehen für die Schweiz, Windmühle und Stierkampfarena für Spanien. Frei nach dem Motto „Was fällt ihnen zu Spanien ein? Sie haben eine Minute Zeit: Windmühlen, Stierkampf..." werden hier auf dilettantische Art und Weise oberflächliche Bilder erzeugt. „Park" wird in billiger Disneymanier als Raum für inszenierte Bilder betrachtet. Die Menschen, die den Park, genauso wie den öffentlichen Raum insgesamt erst zu diesem machen, werden als Komparsen betrachtet, die sich nach der Regie des Bauträgers durch die Kulissenlandschaft bewegen.

Abb. 9–11

Strenge Regelwerke ersetzen Diskussion und kreative Auseinandersetzung. Eine Gemeinschaftsordnung sichert das Ensemble und bewahrt eine „gepflegte", störungsfreie nachbarschaftliche Atmosphäre: „Zum Schutz der Kinder und der Natur ist das Klettern auf den Bäumen nicht erlaubt. (...) Der Rasen in den Gärten ist sortenrein zu halten und so regelmäßig zu mähen, dass Unkraut nicht gedeihen kann." (Auszug der Gemeinschaftsordnung der *Parkstadt 2000*)

Ein besonderes Augenmerk möchte ich auf den im Regelwerk der Parkstadt so oft erwähnten Begriff der „Gemeinschaft" lenken, der auch in der Disney-Stadtschöpfung *Celebration* in Florida (das erklärte Vorbild der *Parkstadt 2000*) zentrale Bedeutung hat. Eine Bewohnerin *Celebrations* drückt aus, worum es geht: „This is a Gemeinschaft not a Gesellschaft place" (Abb. 12). Dieses Begriffspaar geht auf den deutschen Soziologen Ferdinand Tönnies (1855–1936) zurück und bringt die Haltung der meisten Disney-Stadtbewohner zum Ausdruck.

Worin liegt aber der inhaltliche Unterschied zwischen Gemeinschaft und Gesellschaft? Der Gegensatz dieser beiden Sozialformen drückt sich im Verhältnis ihrer Mitglieder zu der sozialen Verbindung als ganzer aus. In eine Gemeinschaft sind die Individuen von vornherein eingebunden, folglich stellt die Einheit den Ursprungszustand der Gemeinschaft dar. In einer Gesellschaft sind die Individuen dagegen zunächst autonom und vereinzelt. Tönnies beschreibt für die Gemeinschaft jedoch eine „fortschreitende Herauslösung der Mitglieder aus der Ganzheit der Verbindung" durch Prozesse der Individualisierung, wohingegen in der Gesellschaft Prozesse der „Zusammenfügung" ent-

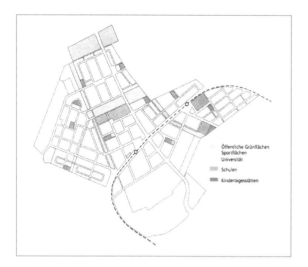

Abb. 12+13

stehen, deren Ergebnis die „Überwindung der Individualität durch eine künstliche, gleich dem Kontrakt überhaupt erst zu schaffende Ganzheit" ist.

Die Disney-„Traumstadt" *Celebration* kann gemäß der Tönnies'schen Definitionen genauso wie die Parkstadt als Versuch gewertet werden, eine Gemeinschaft des Ortes, gegründet auf Nachbarschaft zu errichten. Je stärker sich Gewohnheit und Gewöhnung aneinander und an den Ort einstellen, desto mehr wird ein gemeinschaftsähnlicher Zustand erreicht werden. Für viele Bewohner ist damit allerdings zugleich der Wunsch verbunden, der Gesellschaft bis zu einem gewissen Grad den Rücken zu kehren, die in den Augen der meisten Bewohner insbesondere durch Politiker oder staatliche Verwaltungsinstitutionen repräsentiert wird (vgl. Befragung Schiffarth). Nach Ross lehnen es viele Einwohner der Disney Stadtschöpfung *Celebration* ab, in einer politischen Gesellschaft (political society) zu leben, da man der Politik großes Misstrauen entgegenbringt (Ross 1999, 233). Stattdessen vertraut man einem privaten Unternehmen besonderer Integrität, das einem Sicherheit, Geborgenheit und ein konfliktfreies Wohnumfeld garantiert. Auch die CKV bietet den Bewohnern der Parkstadt ein umfassendes Sicherheitspaket mit Überwachungskameras und Wachdiensten. Der Bürger einer Stadt wird zum „Kunden eines Unternehmens".

(Abb. 13) Eine Befragung der Parkstadt-Bevölkerung in Leipzig macht deutlich, dass fast alle befragten Parkstadtbewohner mit dem Verhältnis von Planung und Umsetzung bis auf Kleinigkeiten „zufrieden" oder sogar „sehr zufrieden" sind und neun von zwölf es begrüßen, dass sich die CKV „um alles kümmert". Während „trust in Disney" die hervorstechendste Gemeinsamkeit der „Celebrationites" war, so könnte „trust in Krawinkel" als neuer Charakterzug vieler „Parkstädter" bezeichnet werden. Die Ablehnung von Politik und Öffentlichkeit und damit auch von gesamtgesellschaftlicher Verantwortung ist ein Zeichen des Rückzugs in eine private Idealwelt im Sinne einer

„privatopia". Mit dem schwindenden Vertrauen in staatliche
Institutionen kann die Suche nach Gemeinschaft an einem Ort, der
die gute alte Zeit oder wenigstens Ferienstimmung beschwört, also
das Enthobensein aus der realen Alltagswelt durchaus als eine Form
des Kulturpessimismus gewertet werden. Wohnformen wie die
Parkstadt 2000 und *Celebration* bergen in diesem Sinne tatsächlich
die Gefahr, wenn auch nicht rechtlich oder politisch, so doch mental
zu einer Art „Staat im Staate" oder besser einer Stadt in der Stadt zu
werden, also einer Gemeinschaft, die sich aus der Gesellschaft aus-
grenzt. Gerade dieser Aspekt könnte für den neu entstehenden Stadtteil am Riedberg fatale Folgen haben. Ein noch im Aufbau befind-
liches, selbstständiges Quartier ohne Anbindung an funktionierende,
gewachsene Stadtstrukturen kann es sich nicht leisten, dass große
Teile sich isoliert organisieren. Die Identität „Riedberg" ist durchaus
gefährdet. So überrascht es nicht, dass ein großer Teil der Bürger der
neuen *Parkstadt 2000* vom Konzept „Riedberg" erst über Umwege
Kenntnis genommen haben.

5. Die Rolle der Forschungs- und Entwicklungsgesellschaft Hessen mbH

Wie geht die FEH mit der beschriebenen Situation um? Das Beispiel
der *Parkstadt 2000* macht deutlich, inwiefern dem Entwicklungsträger
hinsichtlich der Entscheidung für und wider bestimmter Konzepte
rein formal die Hände gebunden sind. Welche Möglichkeiten bleiben
also, um dennoch auf die Maßnahme positiv einwirken zu können?
Die FEH kann sich nicht gegen ihren eigenen Auftraggeber, gegen die
Stadt Frankfurt stellen. Was bleibt, ist der informelle Weg. In unzähligen Gesprächen versuchen die Mitarbeiter der Entwicklungsgesellschaft auf die Entscheidungsträger einzuwirken, auf Konsequenzen
möglicher Entscheidungen hinzuweisen und eine gemeinsame Basis
herzustellen.

Am Beispiel der Freiraumkonzeption für den Riedberg – als
Auseinandersetzung mit dem öffentlichen Raum, mit der ich mich
schwerpunktmäßig auseinandergesetzt habe und die in den Rahmen
zweier Wettbewerbe für zwei Parks am Riedberg einfließen soll –
möchte ich exemplarisch erläutern, inwiefern der Projektentwickler
und Treuhänder der Stadt auch konzeptionell Einfluss nehmen kann.
Zu den Aufgaben des Entwicklungsträgers FEH gehört der Ausbau der
öffentlichen Erschließung und Grünflächen, der aus der Wertsteige-
rung der im Zuge der Entwicklungsmaßnahme neu veräußerten
Flächen finanziert wird. In diesem Zusammenhang ist die FEH aufge-
fordert, gemeinsam mit dem Grünflächenamt die Freiraumkonzeption
für den Riedberg zu entwickeln, auch wenn die Entscheidung letzten
Endes bei der Stadt liegt. Der Riedberg ist laut Rahmenplan von einem netzartigen Freiraumsystem durchzogen, in dem mehrere Parks
ineinander übergehen. Einer dieser Parks, der Bonifatiuspark liegt
innerhalb des CKV-Investments. Die CKV schlägt für diesen Park eines
ihrer „Landschaftsabziehbilder" vor, z. B. Schweizer Hügel- und
Seenlandschaft. Diese Horrorvision vor Augen formulierte ich Kriterien für ein Freiraumkonzept, das Antworten liefert auf den Ort
Riedberg (genius loci), und darüber hinaus einen öffentlichen Frei-
(heits)raum zur ungezwungenen Aneignung ermöglicht. Gleichzeitig
könnte es über ein städtebauliches Gerüst der Stadtlandschaft und
die besondere Qualität des öffentlichen Raumes gelingen, die Iso-

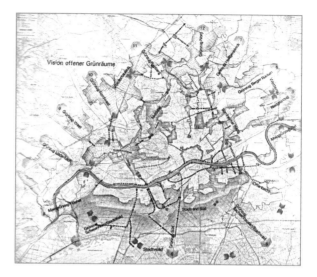

Abb. 14

lation der „CKV-Traumstadt" aufzubrechen und dem Riedberg insgesamt Identität zu verleihen. Um meine Argumentation zu festigen,
suchte ich nach bereits vorhandenen Konzepten, die man weiterent-
wickeln oder an die man anknüpfen könnte. In Gestalt des Frankfurter *GrünGürtels* ist eine solche Konzeption vorhanden.

Der Riedberg liegt in unmittelbarer Nähe des Landschaftsschutz-
gebietes „Frankfurter GrünGürtel und Grünzüge". Der Frankfurter
GrünGürtel ist das Ergebnis der Bemühungen der Grüngürtel GmbH,
die mittlerweile nicht mehr existiert. Es galt folglich zu klären, inwiefern die GrünGürtel-Konzeption noch trägt und inwiefern daran konzeptionell angeknüpft werden könnte. Im Umweltamt arbeitet eine
Arbeitsgruppe *GrünGürtel*, mit der die FEH informellen Kontakt auf-
nahm. Da diese Arbeitsgruppe über nahezu kein Geld verfügt, finanziert sie ihre Projekte heute zunehmend über Sponsoring, d. h. einzelne, Zeichen setzende Bausteine (Baumgruppen, Bänke) werden
von Fördergruppen oder Firmen finanziert. Gleichzeitig soll durch
Aktionen und Veranstaltungen sowie durch eine GrünGürtel-
Fahrradkarte bewirkt werden, dass der GrünGürtel in den Köpfen
wächst. Das bedeutet: Der Freiraum ist bereits vorhanden – er muss
seitens der Stadtbewohner als solcher aber noch wahrgenommen,
„gelesen" und über Nutzungen interpretiert werden, um ihn dauerhaft zu schützen. Folglich begrüßte es der Leiter der Arbeitsgruppe
GrünGürtel, auch vom Riedberg aus dieses Konzept zu thematisieren.
Diese Vorstellungen wurden und werden gegenwärtig von der FEH
gemeinsam mit dem Grünflächenamt diskutiert, das für die Auslobung
eines Wettbewerbs „Bonifatiuspark" zuständig ist. Zusätzlich wurde
deutlich, dass ganz unterschiedliche Akteure (als ehemalige Beteiligte)
über das Thema *GrünGürtel* eine gemeinsame Gesprächsbasis fanden.
(Abb. 14) Der jetzige Leiter des Stadtschulamtes war ehemals Leiter
der GrünGürtel GmbH. Über die informelle Ebene eines gemeinsamen
Interesses, nämlich die konstruktive Auseinandersetzung mit dem
GrünGürtel, wurde der Quereinstieg in eine intensive Zusammenarbeit gefunden.

In der Folge bringt sich das Stadtschulamt seitdem stärker als bisher produktiv in die Gestaltung des Stadtteils ein – auch über seinen fachlichen Horizont hinaus. So wird derzeit beispielsweise überlegt, wie man die Pausenhöfe der Schulen nachmittags einer öffentlichen Nutzung zuführen könne.

6. Fazit

Das Beispiel Riedberg macht deutlich, welche Vielzahl von Kräften „Stadt" beeinflussen und verändern. Um die eingangs gestellte Frage zu beantworten, ob man und wie man heute noch „Stadt" planen könne, stelle ich fest, dass sich „Stadt" als komplexes, vielschichtiges Gebilde nicht mehr durch einzelne Professionen vollständig vorausbestimmen lässt. „Stadt" ist Prozess, an welchem eine Vielzahl von Akteuren mitwirkt. Die Förderung einer lebendigen Stadtstruktur hängt damit zusammen, inwiefern kommunikative Strukturen zwischen den unterschiedlichen Akteuren hergestellt werden können und wie sich die beteiligten Akteure bewusst mit auftretenden Interessenkonflikten oder der Wahrnehmung ihrer Bedürfnisse auseinandersetzen.

„Stadt" ist immer das Ergebnis von ausgetragenen Konflikten und kein Apparat zur Vermeidung von Störungen. Vorauszusetzen ist allerdings auch die Gesprächsbereitschaft der Beteiligten. Gegenüber der Stadt Frankfurt habe ich die Bemühungen der FEH um Konsensfindung bezüglich des Investors CKV oft als ein Anrennen gegen eine Wand erlebt. Umso mehr hat mich beeindruckt, wie durch den besonderen Einsatz und das persönliche Engagement vieler Mitarbeiter des Entwicklungsträgers konzeptionelle Qualitäten für den neuen Stadtteil Riedberg quasi durch die Hintertür, also über den informellen Weg, gesichert werden. Der Stadt Frankfurt sollte bewusst sein, in welche Richtung sich der Riedberg auf der Basis der Konzeption *Parkstadt 2000* entwickeln würde. Scheinbar gibt es aber eine wachsende Nachfrage nach „Rundumsorglos-Paketen". Sind in einer Boomtown wie Frankfurt „Viertel für Gewinner" notwendig? Begrüßt die Stadt lediglich die Tatsache, dass sich ein Investor um alle Probleme selbst kümmert – weniger Arbeit für die Stadt? Problembehaftete Quartiere kennt Frankfurt zur Genüge.

7. Bibliografie

Martin Wentz: *Die kompakte Stadt*, Frankfurt a. M. 2000

Martin Wentz: *Stadtentwicklung*, Frankfurt a. M. 1996

Martin Wentz: *Region*, Frankfurt a. M. 1994

Martin Wentz: *Stadtplanung in Frankfurt*, Frankfurt a. M. 1991

Martin Wentz: *Wohnen in Frankfurt am Main*, Frankfurt a. M. 1995

Tom Königs: *Stadt-Parks*, Frankfurt a. M. 1993

Tom Königs: *Vision offener Grünräume – GrünGürtel Frankfurt*, Frankfurt a. M. 1991

Stadt Frankfurt am Main: *Informationen zum Bebauungsplan-Entwurf Nr. 803*

Stadt Frankfurt am Main: *Informationen zum Bebauungsplan-Entwurf Nr. 820*

Petra Schiffarth: *Parkstadt 2000 – New Urbanism an Leipzigs Peripherie*, Diplomarbeit am Lehrstuhl für Planungstheorie, an der RWTH Aachen

www.parkstadt2000.de
www.riedberg.de
www.riedberg-ffm.de

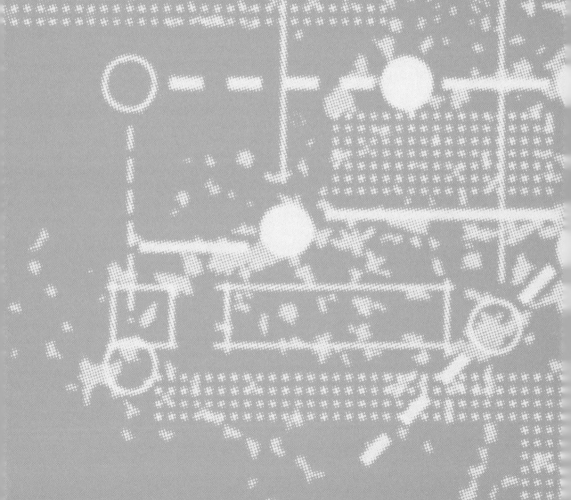

Podium 3

Architektur und Städtebau

Eindrücke vom
Mühl Forum Europäische Urbanistik 2000

Architekten und Städtebauer sind die Experten für die Bildung und Gestaltung des Raumes. Und zwar nicht nur planerisch, sondern auch realisierend. In der Vergangenheit, insbesondere nach dem 2. Weltkrieg, ist Architekten und Städtebauern das Entscheiden über und das Realisieren von Planungs- und Bauaufgaben immer weitgehender aus der Hand genommen worden. Dies liegt nicht nur an der klugen Einfluss-Zunahme von Juristen, Finanziers, Wirtschafts-Spezialisten, sondern auch daran, dass die Ausbildung der Architekten und Städtebauer sich traditionell erschöpft in der Vermittlung der Planungsgrundlagen, sich nicht aber ausrichtet auch auf die Vermittlung der Realisierungsgrundlagen.

Zu letzterem gehören Recht, Finanzen, Logistik, Öffentlichkeitsarbeit, Politik.

Dipl.-Ing. Sigurd Trommer
Architekt a. o. BDA
Stadtbaurat der Bundesstadt Bonn

Um sich nicht an der Herkules-Aufgabe einer Reform der klassischen Architekturausbildung zu zerreiben, ist eine postgraduelle Ausbildung, wie der Studiengang Europäische Urbanistik der Bauhaus-Universität Weimar, eine geeignete Möglichkeit, die Realisierungs-Kompetenz für Architekten und Städtebauer zu fördern.

In engem Kontakt zur Praxis sind also der intensiven Ausbildung zu sozialer Kompetenz, zur Kommunikations-Kompetenz und zur Management-Kompetenz zentrale Bedeutung zu geben. War im Hochschulstudium die Frage nach der gestalterisch-konstruktiven Lösung einer Planungs-/Bauaufgabe der Schwerpunkt, so ist in der postgradualen Ausbildung die Frage nach dem Realisierungskonzept für eine abgeschlossene Planung der Schwerpunkt.

So stehen bei der Vorstellung urbanistischer Projekte Fragestellungen im Vordergrund wie

• deren Moderation und Abstimmung mit bürgerschaftlichen und politischen Interessen,
• deren Finanzierung,
• deren Abwägung mit konkurrierenden Nutzungen,
• deren Entscheidungsfindung in öffentlichen oder Wirtschaftsgremien,
• deren Positionierung und Akzeptanzfindung in der Öffentlichkeit,
• deren Verteidigung in juristischem Konflikt.

Die Erfahrungen im *Mühl Forum Europäische Urbanistik 2000* zeigen erfreuliche Ergebnisse.

„Cingapura" – Favelas werden zum Stadtteil – Integration von Slums in São Paulo

Eloisa Dezen-Kempter

geboren 1963
Dipl.-Ing. Architektur und
Städtebau
Diplom 1985, Päpstlich-Katholische
Universität Campinas, Brasilien
seit 1999 Studium der
Europäischen Urbanistik an der
Bauhaus-Universität Weimar

Projektpartner

LABHAB, Laboratório de Habitação e Assentamentos Humanos,
São Paulo, BR (--> Seite 15 + 32)

Einleitung

Im Rahmen der Konferenz *Urban 21* richtete sich die Aufmerksamkeit auf das Thema „Stadtentwicklung im 21. Jahrhundert" und „Nachhaltigkeit", die bekanntlich längst nicht mehr ausschließlich als Umweltproblem, sondern als Dreiklang von Ökologie, Ökonomie und Sozialem zu verstehen ist. Als dominierendes soziales Problem der Stadtentwicklung gelten weltweit die wachsenden Desintegrationsprobleme, mit welchen sich die Städte konfrontiert sehen.

Die extremen Polarisierungen in den Städten der Entwicklungs- und Schwellenländern, in denen kleine Gruppen von sehr Reichen relativ kleinen Mittelschichten und einer großen Zahl von Ausgegrenzten gegenüberstehen, führen zur Entstehung von Elendsquartieren, wo der ärmste Anteil der Bevölkerung keinerlei soziale Bürgerrechte in Anspruch nehmen kann. Auf der Basis lang entwickelter Sozialstaatstraditionen sind derartige Situationen zwar in den reichen Industrieländern weitgehend unbekannt, aber sowohl in den USA und England mit eher liberaler, residualer Sozialstaatlichkeit als auch in Frankreich deuten sich vergleichbare Entwicklungen an. Konstant hohe Arbeitslosigkeit und Einschränkungen sozialstaatlicher Leistungen, wie z. B. im sozialen Wohnungsbau, geben inzwischen zu der Befürchtung Anlass, dass auch in den europäischen Städten ähnliche Spaltungen der Stadtgesellschaften entstehen könnten.

Wenn man die Armutsprobleme, die soziale Ungerechtigkeit in der Stadt und das menschliche Recht auf eine Wohnstätte nennt, ist es leichter und verständlicher, sich eine Vorstellung über die wilden Siedlungen, Favelas und Shanty-Towns am Stadtrand der Mega-Cities der Entwicklungsländer zu machen.

Das Stadtbild der meisten lateinamerikanischen Städte, São Paulo und Rio de Janeiro inklusive, wird durch eine Doppelwertigkeit geprägt. Auf der einen Seite steht das Gebiet mit dem modernen städtischen Vorbild, wo sich die Grundlage für die Erwerbstätigkeit befindet; ähnlich dieser in anderen Weltstädten. Auf der anderen Seite stehen die „informellen" Städte, in der sich eine eigene Existenzform gebildet hat. Die sich sozial fragmentierende Stadt ist ein Phänomen, das nicht nur in der Peripherie, sondern auch in der Innenstadt zu beobachten ist. Dieses Elendsbild steht im Widerspruch zum globalisierten Vorbild der fortschrittlichen Megastädte. Obwohl die Elendsviertel in urbanisiertes Gewebe eingefügt sind, verfügen sie über keinerlei städtischen Zustand. Die größte Herausforderung besteht darin, diese Menschen und diese Stadtviertel definitiv in die Stadt zu integrieren, um den ökonomischen, sozialen und kulturellen Fortschritt der Stadt zu genießen.

Aus dieser Situation heraus sind Hilfsprogramme ins Leben gerufen worden, die nicht nur eine bessere Versorgung der Benachteiligten verfolgen, sondern auch durch Ausbildungsprogramme den Bewohnern das subjektive Gefühl von Nützlichkeit und Kompetenz zurückgeben sollen.

Das Projekt CINGAPURA in São Paulo ist ein Versuch in diese Richtung.

Das Projekt CINGAPURA will die Slumviertel neu urbanisieren, indem die notdürftigen Häuser niedergerissen und durch Neubauten von Wohnanlagen in vertikaler Bauweise ersetzt und Sozialeinrichtungen bereitgestellt werden, damit diese Gebiete definitiv in die „formelle" Stadt eingegliedert werden. (Abb. 1)

Die Bestrebungen dieses Projektes wollen würdige Lebensbedingungen schaffen; nicht nur betrachtet unter dem Aspekt der Wohnbedingungen, sondern auch, um das Bürgerrecht und in sozialer Hinsicht das gemeinschaftliche Bewusstsein zu fördern, in welchem eine nachhaltige Stadtentwicklung gewährleistet sein könnte.

Das Projekt CINGAPURA stand unter den 100 Erfahrungen, die 1996 in Istanbul während der Weltsiedlungskonferenz Habitat II bei „Dubai International Award for Best Practices in Improving the Living Environment" ausgewählt wurden. Das Projekt wurde als „good practice" eingestuft und als ein sehr gutes Beispiel für die Integration der Slumbewohner in die Gesellschaft bewertet.

1. Überblick über den städtischen Kontext São Paulos

Das Stadtbild São Paulos spiegelt eine Stadtentwicklung, deren dynamisches Wachstum im Laufe des 20. Jahrhunderts alle für Europäer vorstellbaren Dimensionen übersteigt. Aufgrund dieser Entwicklung wurden neue Nutzungsstrukturen in die alte Stadt implantiert, wobei selten Rücksicht auf die Bausubstanz und die Stadtlandschaft genommen wurde.

Abb. 1: Sanierung der Favela Heliópolis durch das Projekt Cingapura. Ansicht der vorherigen Situation und der Stand nach Einführung eines Teils des Projekts.

Um die Jahrhundertwende vom 19. zum 20. Jahrhundert ging das rasante Bevölkerungswachstum einher mit der Entwicklung von Industriestrukturen. Zwischen 1945 und 1980 vergrößerte sich der verstädterte Raum auf das 9-fache, während die Bevölkerung auf das 4,5-fache zunahm. (Abb. 2)

Um das historische Zentrum entstand ein Ring aus Wohnquartieren der Mittelschicht. Das Stadtumland veränderte sich infolge des Stadtwachstums ebenfalls; es entstanden vielfach so genannte illegale Siedlungen, wo die Mehrheit der Arbeiter (mit bis zu 5 Mindestlöhnen, entspricht 370 Dollars), die sich keine Fertighäuser auf dem regulären Immobilienmarkt leisten konnten, primitive Häuser auf illegalen Grundstücken bauten, obwohl diese Areale nur über unzureichenden oder gar keinen Nahverkehr sowie kaum über Infrastruktur- und Versorgungssysteme verfügten. Trotz der Probleme, die dieser Prozess mit sich brachte (je größer die Flächenausdehnung der Stadt, umso größer die Kosten der Urbanisierung), hatte die Stadt jahrzehntelang nichts unternommen.

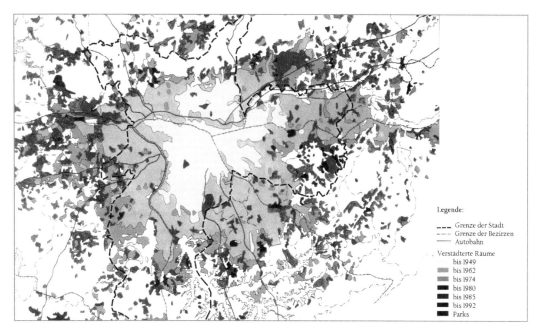

Abb. 2: Die Flächenausdehnung der verstädterten Räume São Paulos zwischen 1949 und 1992.

Abb. 3: Die aktuellen Expansionsvektoren der verschiedenen Schichten.

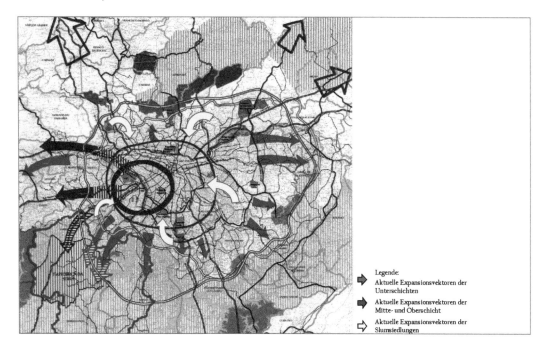

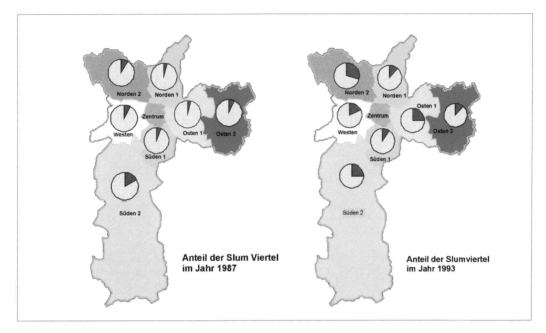

Abb. 4: Anstieg des Anteils der Slumbewohner in den einzelnen Regionen gegenüber der restlichen Bevölkerung zwischen 1987 und 1993.

Die Sozialwohnungsprogramme hatten überwiegend nur die Schichten über 5 Mindestlöhnen finanziert.

Im letzten Viertel des 20. Jahrhunderts begann ein Prozess der Neubesetzung von Stadtflächen (Abb. 3); die Peripherien, die meist weniger dicht besiedelt waren, wurden durch die Verlagerung der Wohnbereiche der Mittelschicht und später durch die umzäunten Nachbarschaften (Gated Communities) verdichtet. Bedingt durch den Preisanstieg für Bauflächen an der Peripherie und den Rückgang des Flächenangebots für illegale Siedlungen infolge verschärfter offizieller staatlicher Kontrolle, brach der Prozess des Modells der Eigenbauinitiativen und Selbsthilfe auseinander. Daraus resultierte die Unterkunftsform der Hüttensiedlungen, charakterisiert durch denkbar schlechte Qualität, wo ohne Rechtstitel gesiedelt wurde. Diese Hüttensiedlungen stehen ordnungswidrig zur Raumplanung und wurden jahrzehntelang von Bulldozern regelmäßig planiert.

Aus dieser Situation, in welcher sich die Menschen ein Überleben jenseits der Infrastruktur, jenseits der Versorgungs- und Entsorgungssysteme und jenseits der Sozialeinrichtungen der Stadt erkämpfen müssen, ergibt sich erstens die Steigerung von Armut, Umweltbelastung, Krankheit, Gewalt und Kriminalität und entsteht zweitens ein schlechter Eindruck von der Stadtlandschaft. Das stellt die Regierbarkeit in Frage.

1973 waren 1,1 % der Bevölkerung São Paulos Slumbewohner. 20 Jahre später lag dieser Anteil bei fast 20 %; 1993 lebte jeder fünfte Stadtbewohner in einer Hüttensiedlung. (Abb. 4)

Während im Zeitraum von 1987 bis 1993 die Anzahl der Wohn-
gelegenheiten in São Paulo um 252 % anstieg, nahm die Anzahl von
Wohnungen in illegalen Siedlungen und Elendsvierteln um 1370 %
zu. Die Slums entwickelten sich mehr und mehr zu einer endgültigen
Lösung der Wohnungsprobleme, anstatt ein vorübergehender Ausweg
oder eine Notunterkunft für die Zugewanderten zu sein, solange diese in der Stadt Arbeit suchen. Schon 1987 bestanden fast 50 % der
Häuser in Slums aus Mauerwerk.

2. Das Projekt Cingapura

Die Stadtlandschaft der größten und erfolgreichsten Metropole Bra-
siliens konnte nicht weiterhin durch Slums entstellt bleiben. Angesichts der dramatischen Ausmaße dieser städtischen Umfelder wurde
im Jahr 1994 das Projekt CINGAPURA ins Leben gerufen. Dieses Programm nahm sich die 1964 eingeleitete Wohnbaupolitik der Regierung von Singapur in Malaysia zum Vorbild und hatte zum Ziel, ebenso wie der Housing and Development Board in Singapur den Erwerb
von Wohnungen für diejenigen zu ermöglichen, für die die Woh-
nungsangebote vom privaten Immobilienmarkt unerschwinglich sind.

Das Programm wird mit Finanzmitteln aus dem Budget der
Stadtverwaltung, aus der Inter-American Development Bank und auf
Bundesebene unter Einschaltung der Landesbank finanziert. Der Ver-
trag zwischen der Inter-American Development Bank und der Stadt-
verwaltung São Paulo beläuft sich auf einen Betrag von 100 Millionen
Dollar und betrifft den Bau von 5.709 Wohneinheiten.

2.1 Die Zielsetzung des Projektes

CINGAPURA, so die Absicht der Initiatoren, zielt darauf ab, menschen-
würdige Lebensbedingungen für die an der Armutsgrenze lebende
Bevölkerung zu schaffen und diese Bevölkerungsteile in die städtische
Gesellschaftsordnung wieder einzugliedern.

Abb. 5: Fassade der Wohnanlagen

Das Konzept basiert auf den beiden folgenden Zielsetzungen:
1. *Umsiedlung ohne Ortswechsel:* Vorhandene Slums werden in die
Stadtquartiere integriert. Die Familien bleiben in der gewohnten
Umgebung und verlieren nicht ihre Bindungen innerhalb ihrer
gewachsenen Habitat: Arbeitsstätte, Schule, Freunde, etc.
2. *Umgestaltung des städtischen Landschaftsbildes:* Beseitigung der
Hütten und Schaffung neuen Wohnraums mit dem Ziel, das Schlag-
wort „arm ist hässlich" auszuräumen. Die bauliche Konzeption stützt
sich auf eine tradierte Bauweise und die äußere Erscheinungsform der
mehrfarbigen Fassade, die das Aussehen bürgerlicher Wohnviertel
prägt (Abb. 5). CINGAPURA setzte sich zum Ziel, mittels einer geeig-
neten Architektur das Landschaftsbild, ebenso wie zuvor die Favelas,
deutlich und selbstbewusst zu gestalten und somit einen politischen
Marketingfaktor zu erzeugen. Die typischen Merkmale der neuen
Siedlungen sollen auf die initiierenden Verwaltungen als die Urheber
des Projektes verweisen und deren Akzeptanz in der Bevölkerung
steigern. Die Umwandlung der Slums in Wohnviertel (Bau von
Wohnblöcken, Schaffung von Infrastruktur, Nahverkehr und Dienstleistung, Zuteilung von Flächen zur Freizeitgestaltung und für soziale
und gemeinschaftliche Anlagen) soll die Quartiere als neu erstandene
Wohnbezirke in den gesamtstädtischen Kontext integrieren.

2.2 Die Implementierung des Projekts
CINGAPURA wird in drei Etappen durchgeführt:
1. *Anfangsphase – die „Favelas":* In dieser Etappe erfolgt die Festlegung der rechtlichen Grundbedingungen, darunter eine Studie der
sozial-ökonomischen und ökologischen Merkmale der Gegend.

Zugleich beginnt die Arbeit in der sozialen Sphäre unter Berücksichtigung der kollektiven Situation sowie der Vorstellung und Diskussion des Projekts zum Eingriff in die Wohnlage. (Abb. 6)

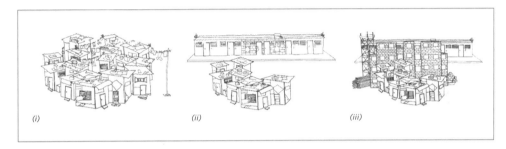

(i)   *(ii)*   *(iii)*

Abb. 6: Die drei Phasen des Projekts: (i) die Favela, (ii) die provisorische Unterbringung und der Anfang der Bauarbeiten und (iii) die neue Wohnanlage.

2. Übergangsphase – die provisorische Unterbringung: Nach Festlegung
der frei werdenden Gegenden und zum Baubeginn werden die Familien ausgesiedelt. Die Familien werden durch eine intensive soziale
Betreuung auf die neue Situation vorbereitet. In dieser Phase werden
Informationshefte verteilt, die die Familien aufklären: über die provisorische Wohnstätte, über die Phase der Einführung des Projekts, über
die zukünftig veränderte Lebensqualität, über die Wohnweise in den
neuen Gebäuden, über das friedliche Zusammenleben in der Gemeinschaft und über die Rechte und Pflichten. (Abb. 7)

Abb. 7: Grafik aus den Informationsheften der Stadtverwaltung, die an die Slumbewohner ausgehändigt wurden. Diese Hefte sind der wichtigste Bestandteil der sozialen Betreuung.

Abb. 8: Differenzierte Gestaltung mit 1 bis 3 Schlafzimmern in der Siedlung Heliópolis.

Abb. 9: Lageplan der Wohnanlage „Real Parque, Luiz de Bragança".

3. Endphase – die Umsiedlung in die neue Wohnung: Während der Umsiedlung, dem Einzug in die Etagenwohnung und der Periode nach dem Einzug wurden die Familien auch weiterhin sozial betreut, um dadurch ein friedliches Zusammenleben in einer neuen Wohnweise zu schaffen.

2.3 Beschreibung des Projektes
Gestaltung der Siedlung und der Wohneinheiten
CINGAPURA bietet verschiedene Wohnungs-Gestaltungen an. Die Wohnungen bestehen aus 1, 2 oder 3 Schlafzimmern, Wohnzimmer, Küche, Badezimmer und Hauswirtschaftsraum mit einer gesamten Nutzfläche von 37, 42 oder 57 m², in 5-, 6-, 7- oder 11-stöckigen Gebäuden. (Abb. 8)

Die Implementierung der Wohnanlage sieht Gemeinschaftsflächen vor. Hierzu werden die Gebäude auf dem Grundstück in Form von geschlossenen Blöcken (mit 6 bis 10 Gebäudeeinheiten) angelegt, die prinzipiell als kleine Gruppierungen innerhalb der Siedlung funktionieren sollen. Somit können in jedem Kern kleine Gemeinschaftseinrichtungen (z. B. Spielplätze) eingerichtet werden, um die Idee von der Gemeinschaft in der Gruppe der Bewohner zu fördern. (Abb. 9) Einige Siedlungen erhalten Handels- und Dienstleistungsflächen im Erdgeschoss.

Bautechnisch bringt CINGAPURA für die Wohnungseinheiten die herkömmliche Bauweise für Sozialwohnbauten zur Anwendung: Tragmauerwerk, minimierte verkleidete Flächen, kleinformatige Metallfenster aus Leichtprofilen und die wesentliche Haustechnik.

Anzahl der errichteten Wohneinheiten
CINGAPURA umfasst 243 Slumsiedlungen. Dies entspricht 15,26 % der insgesamt in der Stadt vorhandenen Favelas und bedeutet den Bau von beinahe 90.000 Wohnungen (circa 24 % des Wohnungsbedarfs der gesamten in Elendsvierteln lebenden Bevölkerung).

CINGAPURA befindet sich in der Phase 4 und hat in einem 8-jährigen Zeitraum 17.678 Wohneinheiten gebaut. Das entspricht circa 5 % der Slumwohnsitze und 19,7 % der zum Ziel gesetzten Wohneinheiten.

Lage in der Stadt (Abb.10)
CINGAPURA hebt sich innerhalb der Stadt durch die Lage der gewählten Grundstücke hervor. Nicht ohne Grund sind viele der Einzel-

Projekte neben verkehrsreichen Straßen platziert. Dieser Umstand
verweist auf die politische Bedeutung des Themas Wohnen in Brasilien und wird auch als Eigenwerbung der Stadtverwaltung in der
Frage der Wohnraumversorgung verstanden.

Ein krasses Beispiel: Bei der regionalen Verteilung der bereits um-
gesetzten und sich noch im Bau befindlichen Wohnanlagen hebt sich
das Gebiet im Norden hervor, obwohl 40,5 % der in Hüttensiedlung-
en lebenden Bevölkerung sich im Süden konzentriert. (Abb. 11)

3. Ergebnisse des Projekts

3.1 Ökonomische Ergebnisse von CINGAPURA

Das Projekt bezieht seine finanzielle Tragfähigkeit aus dem Wandel
des Familieneinkommens der Slumbewohner, wonach fast 60 % der
Familien fähig wären, eine Immobilienfinanzierung einzugehen. Für
die anderen 40 % wurde die Wohnung durch die Stadtverwaltung
subventioniert.

Das Verhältnis der hohen Kosten für die Wohnraumerstellung zur
Zahlungsfähigkeit der Bevölkerung reduziert die soziale Tragweite des
Programms, da es eine hohe Subventionsrate erfordert. Die Baukosten
jeder Wohneinheit beträgt circa 18.000 Dollar; der Kaufpreis liegt bei
12.000 Dollar. Man muss davon ausgehen, dass nicht alle Bewohner
in der Lage sind, die Wohnung zu bezahlen, was die Gesamtsubven-
tion erhöht.

3.2 Soziale Ergebnisse von CINGAPURA

Die Akzeptanz des Programms bei den Slumbewohnern führt zu
einem höheren Niveau von Organisation und Mitbestimmung. Dies
ist wichtig bei der Einführung der einzelnen Projekte und den jeweiligen sozialen, pädagogischen und fürsorglichen Zusatz-Programmen.
Die Akzeptanz hängt von delikaten Aspekten ab, die nicht von den
ökonomischen und städtischen Statistiken berührt werden:
1. das effektive Interesse der Bevölkerung, in die „legale" Stadt eingegliedert zu werden,

*Abb. 10: Lage der einzelnen Projekte
in der Stadt.*

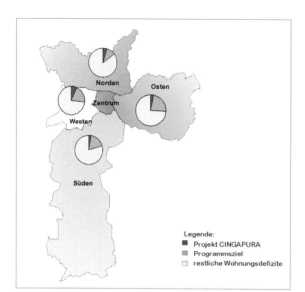

Abb. 11: Verteilung der Slumbewohner und der Wohnanlagen in den einzelnen Regionen.

2. die politischen Aktivitäten, die Widerstand zum Programm erzeugen (können),
3. die Anwesenheit krimineller Gruppen, die in einer bestimmten Art den Slumbewohnern Lebensregeln diktieren.

Die stark politische Motivation von CINGAPURA führte dazu, dass das Projekt den Gemeinschaften der Slumbewohner anfänglich ohne deren Zustimmung „von oben nach unten" auferlegt wurde. Innerhalb der Bewohnerschaft der Hüttensiedlungen galt es, die Einsicht zu stärken, dass sich mit CINGAPURA Verbesserungen und Vorteile für die Lebenssituation verbinden. Dennoch ist es einigen Slumsiedlungen gelungen, die Einführung des Projektes zu verhindern. Andere Slumviertel, die sehr gut organisiert waren, konnten dagegen sogar auf bestimmte Weise die Situation ausnutzen und kamen sogar dazu, über besondere Einführungs- und Zahlungsbedingungen zu verhandeln.

Diejenigen Slumviertel, in denen Versammlungs-Foren geschaffen wurden, um die neue Form der Urbanisation anzunehmen, und wo die Bewohner eine gute soziale Betreuung erfahren hatten, um sich an die neue Lebenssituation anzupassen, erzeugen in der Phase nach der Umsiedlung weniger Probleme. Außerdem haben sie mehr Eigenverantwortung übernommen, sowohl für die Wohnung als auch für die Außenanlagen. Diese neu urbanisierten Quartiere zeigen infolge der Eingliederung in die „legale" Stadt auch einen größeren Grad an Verantwortung hinsichtlich ihrer Pflichten als Bürger (z. B. bei Zahlung der öffentlichen Tribute).

Mit der neuen Urbanisierung der Slums und der verbesserten Zugänglichkeit dieser Gebiete verschwanden die Ghettos. Gleichzeitig wurden eine gestiegene Sicherheit und ein Abwärtstrend der Kriminalität festgestellt.

4. Fazit

Aus der Bewertung der vorliegenden Erfahrungen mit CINGAPURA ergibt sich die Frage: Welches wären die vorrangigen Ziele, die, unabhängig von der offiziellen Version, die Zielrichtung und die Charakteristiken des Programms angeben?

1. Das erste Anliegen wäre, den Armen der Stadt und den Bewohnern der Elendsviertel die Möglichkeit zu geben, eine Prämie zu erhalten. Selbst wenn diese Prämie nur wenigen vorbehalten bliebe, würde sie für den Einzelnen einen großen Vorteil darstellen, den sich die betroffenen Bevölkerungsteile zu den üblichen Marktbedingungen sonst niemals leisten könnten. Es geht darum, einer Bevölkerungsgruppe, die sich dauerhaft und illegal und ohne Besitzanspruch auf Grundstücken aufhält und sich deshalb ständig der Gefahr der Vertreibung und somit einer gesellschaftlichen Herabsetzung ausgesetzt sieht, Wohnraum in einem Gebäude zu ermöglichen, das offensichtlich dem Lebensstandard der Mittelklasse entspricht und in einem bereits etablierten Wohnviertel liegt.

2. Das zweite vorrangige Anliegen des Programms besteht darin, die Interessen der mittelständischen und wohlhabenden Bewohner und Eigentümer in der Nähe der neu zu urbanisierenden Gegenden wahrzunehmen. Obwohl die Bevölkerung dieser gehobenen Quartiere eigentlich die Beseitigung der sozialen Elends-Enklaven anstrebt, nimmt sie schließlich doch – nachdem ihr Ansinnen offensichtlich nicht durchführbar ist – die Verwandlung von Elendsvierteln zum ordentlichen Komplex mit annehmbarer städtischer Struktur an, was die negativen Auswirkungen auf das Leben und auf die Aufwertung der Wohngegend verringert.

3. Als drittes Anliegen des Programms kristallisiert sich die Wahrnehmung der unternehmerischen Interessen des Immobiliensektors und der Baubranche heraus. Der Immobiliensektor profitiert von CINGAPURA in dem Maße, in welchem die Bautätigkeit ermöglicht und gefördert wird. Und dies in Gegenden, die bis dahin durch die Existenz der Elendsviertel in ihrem wirtschaftlichen Wert und in der Durchführbarkeit von Immobilienprojekten (die normalerweise auf den Mittelstand abgestimmt sind) benachteiligt waren. Andererseits eröffnet der Bau dieser Wohnhäuser und Komplexe durch Werkvertrag die Möglichkeit umfangreicher Verträge und Anlagen, die nicht nur für diese Unternehmen, sondern auch für die führenden Politiker und für die staatliche Bürokratie von besonderem Interesse sind. Aus diesem Grunde werden natürlich alternative Möglichkeiten, welche die Beauftragung von Bauunternehmen entbehrlich machen oder auf ein Minimum reduzieren und die Bewohner und lokale Firmen in der eigenen Konstruktion beschäftigen, wie zum Beispiel Eigenbauinitiativen und Selbsthilfeaktionen, gar nicht in Erwägung gezogen, obwohl diese Alternativen mit denselben finanziellen Mitteln einer viel größeren Anzahl von Bewohnern zugute kommen würden.

4. Das vierte Anliegen des Programms hat schließlich als Ziel, durch die Beseitigung der sichtbaren Elendsviertel – Symbole für Armut und städtische Dekadenz – ein neues Bild der Stadt zu schaffen.

Diese „Korrektur" in der Landschaft ist generell im Interesse der öffentlichen Hand, welche die Regierbarkeit der Stadt immer wieder beweisen muss, auch wenn die für das soziale Gefüge und für die Umwelt unentbehrliche wirtschaftliche und politische Grundlage gar nicht gegeben ist. Gerade aus diesem Grunde konzentriert sich das Programm, trotz der faktischen Lage der Hüttensiedlungen, auf die sichtbarsten Boulevards und Schnellstraßen.

Angesichts dieser sich als vorrangig erweisenden Ziele zeigt sich die Einführung des Projekts CINGAPURA als hoch rationell, nicht so sehr im Hinblick auf die in der begleitenden Schrift aufgeführten, sondern eher auf die hier aufgezeigten zugrunde liegenden Ziele.

5. Bibliografie

Bonduki, N.G.: *Origens da Habitação Social no Brasil*, Estação Liberdade FAPESP: São Paulo, 1998.

Bronger, D.: Megastadt: *„Erste" Welt – „Dritte" Welt*; in: Feldbauer, P., Hussa, K. und Pilz, E. (Hg.): Megacities. Brandes u. Apsel: Frankfurt a. M., 1997.

Castells, M.: *Sobreviver na Globalização*; in: Urbs N. 14, S. 20–26, Set./Okt 1999.

Costa, L. C. und Silva, H.M.B.: *Política de Assentamento da Habitação de Interesse Social na Região Metropolitana*. Secretaria Esecutiva de Habitação, Governo do Estado de São Paulo: São Paulo, 1987.

Costa, L. C.: *Aspectos do processo de produção das periferias da Grande São Paulo*. Dissertação de Mestrado. FAUUSP: São Paulo, 1983.

Costa, L. C.: *Desafios a la Planificación de las Grandes Ciudades in Planificación y Desarrollo en Brasil*: Comentarios; in: *Revista Interamericana de Planificación*, N. 16, Mexico, 1982.

Costa, L. C.: *Plano Diretor: um personagem a procura de seus atores*. Tese de Doutorado. FAUUSP: São Paulo, 1995

Felipe, J. P.: *Cingapura x Mutirão: por dentro da Polêmica*; in: *Anais do Encontro Nacional de Tecnologia do Ambiente Construído*. Vol. II, S. 447–452. ANTAC: Rio de Janeiro, 1995.

Gallois, C.: *Projeto Cingapura – Estudo de caso*. Pesquisa de iniciação científica para o Laboratório de Estudos sobre Urbanização, Arquitetura e Preservação. FAUUSP: São Paulo, 1998.

Ghoubar, K.: *Os Custos de Implantação de Conjuntos Habitacionais Populares*; in: *Anais do Seminário: „Natureza e Prioridades de Pesquisa em Arquitetura e Urbanismo"*, S. 23–28. FUPAM, FAUUSP, 1990.

Habitação Social: Propostas esforçam-se para incorporar aos projetos novas tipologias e urbanização mais abrangente; in: Projeto Design 222, Jul. 1998, S. 56–69.

Hewitt, W. E.: *The Role of International Municipal Cooperation in Housing the Developing World's urban Poor: The Toronto-São Paulo Example;* in: Habitat International, Vol. 22, N. 4, S. 411–427, 1998.

Krähenbühl, L.: *Cingapura – O Encontro de São Paulo com a Cidadania*. Bix Design Corporativo Editora: São Paulo, 1996

Pequeno, L. R. B.: *Squatting Process & Environment – An Assessment of the Situation in the City of São Paulo*. Master's Thesis. University of Stuttgart, Centre for Infrastructure Planning,: Stuttgart, 1995.

Pivetta, M. u. Gentile, R.: *Habitação – Preço do Conjunto Habitacional varia até 561%;* in: *Folha de São Paulo*, S. 3–13, 4. Jan. 1998.

Rolnik, R., Kowarick, L. und Somekh, N. (Hg.): *São Paulo, Crise e Mudança*. Brasiliense: São Paulo, 1990.

Romero, M. A. u. Ornstein, S. W. (Hg.): *Procedimentos Metodológicos para Aplicação da Avaliação Pós-ocupação em Conjuntos Habitacionais – do Desenho Urbano à Unidade Habitacional*. FAUUSP: São Paulo, 1999.

Salgado, E. C. de O.: *O loteamento fechado no quadro das transformações da Metrópole de São Paulo*. Dissertação de Mestrado. FAUUSP: São Paulo, 2000.

de Sampaio, M. R. A.: *Community Organization, Housing Improvements and Income Generation. A Case Study of „Favelas" in São Paulo, Brazil*; in: Habitat International, Vol. 18, N. 4, S. 81–97, 1994.

São Paulo (Stadt). Secretaria de Habitação e Desenvolvimento Urbano: *Síntese do Projeto Cingapura*. SEHAB-HABI, 1999.

São Paulo (Stadt). Secretaria de Habitação e Desenvolvimento Urbano: *Arrolamento da Favela Real Parque / Luiz de Bragança, Relatório Síntese*. SEHAB-HABI, 1996.

São Paulo (Stadt). Secretaria de Habitação e Desenvolvimento Urbano: *Projeto Cingapura Fase IV, Relatório Preliminar*. SEHAB-HABI, 1996.

São Paulo (Stadt). Secretaria de Habitação e Desenvolvimento Urbano: *Monitoramento III, Pesquisa Sócio-Econômica do Conjunto Santo Antônio/Parque Otero*. Relatórios de Saída. SEHAB-HABI, Jan. 2000.

São Paulo (Stadt). Secretaria de Habitação e Desenvolvimento Urbano: *Folder von „Projeto Cingapura: Plano de Ação das Favelas Heliópolis e São João Clímaco"*. SEHAB-HABI, 1997.

São Paulo (Stadt). Secretaria de Habitação e Desenvolvimento Urbano: *A Política Setorial do Governo Municipal para a Habitação*; in: *Diário Oficial do Município de São Paulo*, Edição Especial, 5. Jan. 1995.

São Paulo (Stadt): Secretaria de Habitação e Desenvolvimento Urbano: *Favelas na Cidade de São Paulo, Relatório Gerencial Março de 1994*; in: *Diário Oficial do Município de São Paulo*, Edição Especial, 31. Mai 1995.

Abbildungsnachweis:
Abb. 1: São Paulo (Stadt): Secretaria de Habitação e Desenvolvimento Urbano.

Abb. 2: Salgado, E. C. de O.: *O Loteamento fechado no quadro das transformações da Metrópole de São Paulo.* Masterarbeit. FAUUSP: São Paulo, 2000

Abb. 3: Costa, L. C.: *Plano Diretor: um personagem a procura de seus atores.* Doktorarbeit. FAUUSP. São Paulo, 1995

Abb. 4: São Paulo (Stadt): Secretaria de Habitação e Desenvolvimento Urbano: *Favelas na cidade de São Paulo, Relatório Gerencial, Março de 1994.* In Diário Oficial do Município de São Paulo, Edição Especial, 31. Mai 1995

Abb. 7: São Paulo (Stadt): Secretaria de Habitação e Desenvolvimento Urbano.

Abb. 8: São Paulo (Stadt): Secretaria de Habitação e Desenvolvimento Urbano: Folder von *Projeto Cingapura: Plano de Ação das Favelas Heliópolis e São João Clímaco*, 1997

Abb. 9: São Paulo (Stadt): Secretaria de Habitação e Desenvolvimento Urbano.

Abb. 11: São Paulo (Stadt): Secretaria de Habitação e Desenvolvimento Urbano.

Romeo und Julliet

Thomas Heinz Fischer

geboren 1967
Dipl.-Ing. Architektur
Diplom 1998, GH Kassel
seit 1999 Studium der
Europäischen Urbanistik an der
Bauhaus-Universität Weimar

Projektpartner

Kees Christiaanse Architects & Planners, Rotterdam, NL
(--> Seite 12 + 16)

1. Bürogeschichte
• Kees Christiaanse, 1953 in Amsterdam geboren, arbeitete von 1980–1989 im Office for Metropolitian Architecture (OMA) in Rotterdam. Seit 1983 als einer der Partner von Rem Koolhaas.
• 1989 erfolgte die Gründung des eigenen Büros für Städtebau und Architektur in Rotterdam.
• Neben Christiaanse wird das Büro von den Direktoren und Managern Irma van Ort (geb. 1965) sowie Han van den Born (geb. 1958) geleitet.
• 1990 wurde das deutsche Dependant zum Rotterdamer Büro Astoc Architects & Planners in Köln mit Peter Berner, Oliver Hall und Markus Neppl gegründet.
• Seit 1996 ist Kees Christiaanse als Professor an die Technische Universität Berlin berufen.
• Parallel dazu wurde er Mitglied im Gestaltungsbeirat der Daimler-Benz AG, Stuttgart. (Abb. 1)

Abb. 1

2. Betriebsstruktur
Im Rotterdamer Büro arbeiten ca. 50 Personen.
   Unter den Direktoren/Managern Irma van Ort und Han van den Born gibt es die Abteilungsleiter und mehrere Projektleiter, deren Teams in der Regel 2–4 Ingenieure umfassen. Unter den beteiligten Akteuren wird schon während der ersten Bearbeitungsphasen ein dialogorientiertes Verfahren gewählt.
   Das Büro Christaanse Architects & Planners erlebte seit seiner Gründung eine rasante Entwicklung; hierfür stehen zahlreiche Vorträge, Preise und Auszeichnungen. Überdies wird im Büro Christiaanse Strukturpolitik für das Stadtbild der europäischen Stadt in Holland sowie im benachbarten Ausland betrieben.
   Beispiele: Hafencityerweiterung, Hamburg/Amstel III, Amsterdam/Produktionsstadt, Almere Poort.

Auftraggeber und Partner kommen aus den unterschiedlichsten Bereichen:
• Direktaufträge von Investorengruppen, von Kommunen für die Einschätzung von möglichen städtebaulichen Entwicklungspotenzialen oder Masterplänen.
• Interdisziplinäre Zusammenarbeit mit Fachingenieuren und anderen Planungsbüros (z. B. Almere Poort mit MVRDV).

• Dynamische Arbeitsweise: ähnlich den dynamischen Anforderungen, denen unser Städtewachstum ausgesetzt ist. Schnellstmögliche Reaktion auf veränderte Situationen.

• Entscheidungsfindung auf sehr rationaler und ergebnisorientierter Basis: „Entwerfen ist Organisation – das Interpretieren von Informationen auf die schnellstmögliche und effizienteste Weise und in Richtung auf ein bestimmtes Ziel. Entwerfen ist eine organisierende Tätigkeit ... ein logisch, rationaler Prozess der hauptsächlich besteht aus Entscheiden und Wählen: Ja/Nein oder in der Computersprache 1/0." (K. Christiaanse; Die Schnittstelle zwischen Architektur und Städtebau; Aedes/Katalog zur Ausstellung 1997; S. 5)

3. Präambel
Die europäische Stadt mit ihrer 1000-jährigen Geschichte unterliegt einem Strukturwandel. Grundelemente dieses Stadttypus sind die Straße, die Parzelle und der Block, auf der die unterschiedlichen Handlungsträger gebaut haben. Heute steht dieser traditionelle Typus einer Gesellschaft gegenüber, die immer weniger von räumlicher Zentralität abhängig ist. Zudem werden große Innenstadtflächen oft nur noch von einzelnen „Developern" besetzt. Aus Sicht der Urbanistik stellt sich die Frage: Inwieweit machen es Planungsstrategien möglich, den aus gesellschaftlichen und ökonomischen Strukturwandelprozessen resultierenden Anforderungen Rechnung zu tragen?

In Holland existiert, ähnlich zu Deutschland, der Wunsch nach dem Einfamilienhaus im Grünen mit gutem sozialem Umfeld und intakter Landschaft. Der Traum nach dem Eigenheim wird derzeit durch die Kolonialisierung großflächiger Wohngebiete, den sog. Vinex Locaties, realisiert. Es handelt sich um monofunktional ausgerichtete Ein-/Reihenhaussiedlungen in der Randstadt, dem grünen Herz von Holland.

Auf diese Weise sollen in den nächsten zehn Jahren rund eine Million neue Wohnungen in neu konzipierten Kleinstädten mit bis zu 30.000 Wohneinheiten entstehen. „... durch eine Schicht Sand, die wie Erdnussbutter über die bestehende Landschaft geschmiert wird, so dass alle Spuren verwischt werden ... Kühe werden durch Häuser ersetz ... " (Kees Christiaanse)

Parallel wird in Holland versucht, diesen Suburbanisierungstendenzen entgegenzuwirken, und es wird nach möglichen Lösungsansätzen für die Innenstädte gesucht. (Abb. 2)

4. Aktionsradius
Während meines Aufenthaltes im Büro Christiaanse wurden von der Städtebau-Abteilung 25 Projekte bearbeitet. Ich war nicht explizit in ein bestimmtes, sondern in mehrere Projekte involviert. Den Kernbereich meiner Arbeit bildeten zwei Projekte in Groningen:
1. Die innerstädtische Konversionsfläche (ca. 9 ha) des Centralbahnhofgeländes in Groningen. Hier sollen zukünftig neue Büro-/Einzelhandelsformen, Wohnen sowie ein neuer Busbahnhof entstehen.
2. Ein neues Quartier mit 400 Wohnungen sowie integrierten Büro-/Geschäftsflächen am Emskanal in Groningen.

Wie die Beispiele in Groningen zeigen, versucht das Büro Christiaanse, die Kernstadt durch unterschiedliche Stadtentwicklungskonzepte zu stärken und neu am Markt zu positionieren.

Abb. 2

Abb. 3

Abb. 4

Abb. 5

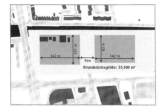

Abb. 6

Die Planungsstrategie des Büro Christiaanse folgt dabei der Theorie, dass innerhalb der traditionellen Strukturen neue Stadtlandschaften entstehen, welche sich im Wesentlichen aus zwei Bezugssystemen zusammensetzen: aus Archipelen/Inseln unterschiedlichen Charakters und unterschiedlicher Zeitspannen sowie aus Korridoren, die das System miteinander verbinden.

Für die Korridore zwischen unterschiedlichen Stadtlandschaften werden emotional erlebbare Räume des Übergangs angestrebt, die mehr beinhalten sollen als die rein rational motivierte Verbindung zwischen zwei Orten.

Im Falle des Projektes Groningen-Emskanal sind die Archipele zwei neue Wohnquartiere; der Korridor ist eine neue Uferpromenade am Emskanal, welche die City mit der Peripherie verbindet.

Bei der Centralstation war der Korridor ein neu definierter Stadtboulevard; er führt von der Centralstation über das Groninger Museum in die City. Durch diese neue Verbindung erhält der gesamte, bislang von der Innenstadt getrennte Bereich hinter der Centralstation die Chance, den bereits im Ansatz vorhandenen Trading-Down-Prozessen zu entgehen. (Abb. 3)

5. Groningen

Groningen hat für die kommenden Jahre ehrgeizige Wachstumspläne. An der nördlichen Peripherie Hollands gelegen, gelang es durch entsprechende Planungspolitik, dass Groningen sich als eine Stadt mit einem hohen Maß an Bauaktivitäten darstellt. Zudem wird die Stadt über den Ausbau der Hochgeschwindigkeitsbahntrassen Groningen-Hamburg und Groningen-Frankfurt an das europäische Städtesystem angeschlossenen. (Abb. 4+5)

Zukünftige Großprojekte Groningens sind der Zernike Science Park von Will Arents, ein 90 m hoher Office-Tower von Karelse van der Meer Architekten, die städtebauliche Neudefinition der innerstädtischen Konversionsfläche an der Central Station sowie das Projekt Emskanal-Groningen vom Büro KCAP (Kees Christiaanse Architects & Planners).

6. Methodik

Die „rationale Planungsmethodik" des Büros KCAP möchte ich am Beispiel des Projekts Emskanal-Groningen verdeutlichen.

6.1 Rahmendaten

Es handelt sich um ein Konzept für ein innerstädtisches Areal von ca. 33.500 m² Grundfläche, das von einer stark befahrenen Straße sowie dem Emslandkanal gefasst wird. Die aktuelle Nutzung der Fläche durch einen Holz verarbeitenden Betrieb wird ausgelagert. Geplant wurde eine Mischnutzung mit 400 Wohneinheiten sowie 4.500 m² Laden/Bürofläche. Dabei war die Stadt Groningen der Auftraggeber für eine Studie, welche die Grundlage für eine künftige Bebauung bilden soll. Eine Neubebauung, die einerseits unmittelbar am Stadtzentrum und andererseits in landschaftlich reizvoller Lage am Emskanal liegt, soll die Stadt für künftige Bewohner lebenswert und interessant machen. (Abb. 6+7)

6.2 Entscheidungsprozess/Regelwerk

In einem Entscheidungsprozess wurde ein Regelwerk entwickelt, das durch seine Rahmenbedingungen das Planungsgebiet für die unterschiedlichen Interessensgruppen flexibel bespielbar machen würde, ohne dem Planungsgebiet jedoch seinen Charakter zu nehmen. Die im Folgenden beschriebenen Festlegungen bildeten die Grundlage für dieses Regelwerk:

Abb. 7

Massenverteilung: Pragmatisch wurde die Neukonzeption aus einem für Holland typischen Baukastensystem entwickelt. Die Basiseinheit bildete ein aus dem Wohnungsbau stammendes Modul mit 8,4 x 16,8 m Grundfläche. (Dazu sei erwähnt, dass nahezu alle Wohnungsbauten in Holland aus vorgefertigten U-Betonprofilen hergestellt werden. Diese Profile bilden die Grundlage für Ein-/Reihen-/Mehrfamilienhäuser; oder sie werden im Geschosswohnungsbau in die Höhe gestapelt.) Das Grundrissmodul wurde anschließend auf einer Grundfläche von 16,8 x 33,6 m viermal übertragen und das gesamte Volumen in einem Turm mit 330 m Höhe (400 Wohneinheiten) dargestellt. (Abb. 8)

In der anschließenden Studie wurde der Turm in 22 fünfgeschossige Blöcke mit gleicher Grundfläche zerteilt und auf dem Grundstück positioniert. (Abb. 9)

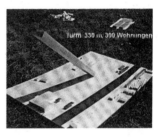

Abb. 8

Die 22 Blöcke zeigten eine erste Aufteilung der Volumen sowie tendenziell eine Erschließungsstruktur, entbehrten aber noch die Gesichtspunkte der Flexibilität, der urbanen Qualitäten, der Frage von Bauabschnitten, der Differenzierung in fußläufigen und motorisierten Verkehr, der großen stadträumlichen Bezüge, der Konzentration von Baumassen sowie der möglichen Nutzungsverteilung. All diese Punkte sollten in ihrer Addition den Charakter, ein Leitbild für das neue innenstadtnahe Areal formulieren.

Dichteparameter: Unabhängig von architektonischen Möglichkeiten oder der Verteilung einzelner Baumassen wurde das Grundstück zwischen Hauptstraße und Emskanal in parallele Zonen aufgeteilt.

Abb. 9

Für die Zone 1 im Bereich mit direktem Anschluss an den Emskanal wurde eine Bebauung von 0–10 m Gebäudehöhe bei Auslastung von 70 % des Grundflächenanteils und somit eine Baudichte auf dem Areal festgelegt. Die zukünftige Silhouette entlang der Hauptstraße wird einen urbanen Charakter erhalten mit einem Sockel und Turmhäusern, während sich die bauliche Struktur am Emskanal villenartig und aufgelockert darstellen wird. (Abb. 10)

Infrastruktur: Die Stadt forderte den direkten Anschluss an ein Parksystem für 400 Pkws. Da in Holland Unterkellerungen/Tiefgaragen aufgrund des hohen Grundwasserspiegels oftmals kostenintensiv sind, wurde auf eine Tiefgarage verzichtet. Als Lösung zur verträglichen Integration des ruhenden Verkehrs in die bauliche Gesamtkonzeption wird ein zweigeschossiges Parkdeck, welches parallel zur Hauptstraße liegt, in die künftige Struktur so eingewoben, dass es von der Bebauung in Teilbereichen überlagert wird. Gleichzeitig bildet das Parkdeck für die künftigen Bewohner eine Terrasse, von der aus über eine Grünanlage mit aufgelockerter Bebauung hinweg der Emskanal auch für die rückwärtige Situation erfahrbar bleibt.

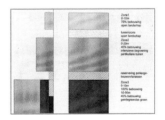

Abb. 10

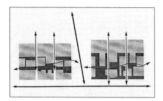

Abb. 11

Abb. 12

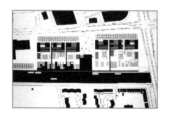

Abb. 13

Die fuß-/-radläufige Erschließung des Grundstücks bildet ein zweites und vom motorisierten Verkehr unabhängiges System. Eine zum Emskanal parallel in die Innenstadt verlaufende Hauptachse sowie der Quartiersplatz bilden die beiden öffentlichen Haupterschließungen für die Fußgänger. Zusätzlich wird es ein zweites Wegesystem geben, welches die Durchquerung der halb öffentlichen Flächen zu den einzelnen Häusern gewährleistet. (Abb. 11)

Nutzungsverteilung: Ein Regelwerk legt das Verhältnis der Anteile von Wohnungen, Läden und Büroflächen auf dem Grundstück fest. (Beispiel Zone 3: im Bereich von 0–10 m Gebäudehöhe, Kombination von 4500 m^2 kommerziell genutzter Flächen und den hierfür notwendigen 390 Parkplätzen.) In dieser Form wurden alle Zonen räumlich definiert und somit eine Baustruktur für alle 22 Blöcke entwickelt, die in ihrem Regelwerk immer wiederkehrende Verteilungsmechanismen aufweist. In unterschiedlichen Modellstudien und Computersimulationen wurden diese überprüft und nachgewiesen. (Abb. 12)

Addition der Entscheidungen/Evaluierung des Projektes: Alle wesentlichen Parameter waren in das Konzept bereits eingearbeitet mit dem Resultat einer Struktur, deren rationales Regelwerk das Areal für die unterschiedlichsten Handlungsträger bespielbar macht. Doch die Definition eines künftigen Leitbildes für das Areal war allein durch die systematische Organisation noch nicht erreicht. Ruurd Gietema, Abteilungsleiter im Büro, konstatierte: „Momentan sehe ich nur Romeo und Romeo, ich wünschte mir mehr Romeo und Julliet."

Leitbildformulierung: Zur Entwicklung eines Leitbildes wurden die Raumfolgen im Quartier untersucht.

Neben der Bebauung entlang der Hauptstraße mit der Thematik der urbanen Dichte wurde eine zweite Achse herausgearbeitet, die Wasserpromenade, eine Verbindung des Areals mit der City, die das Quartier für den langsamen, den Individualverkehr erfahrbar macht. Die emotionale Erfahrbarkeit liegt in der Differenzierung der beiden Baufelder in eine Wasserstadt und eine steinerne Stadt: durch einen Platz voneinander getrennt und zugleich über einen Steg miteinander verbunden, der beide Wohngebiete mit der City vernetzt. Eine neue Substruktur in der Stadt, welche sich durch ein vorgegebenes Regelwerk definiert, ohne jedoch starr zu werden, und welche die Möglichkeiten des Wachstums beinhaltet, ohne jedoch ihre Identität zu verlieren. (Abb. 13)

6.3 Beurteilung des Projekts

Für das Projekt wurde ein dialogorientiertes prozesshaftes Verfahren mit den beteiligten Akteuren Planungsbüro KCAP und Stadt Groningen (Auftraggeber und Investor) gewählt. Ein schwieriger Prozess, weil er die Bereitschaft zur Mitwirkung mehrerer Beteiligter forderte. Die gewählte Strategie war kosten- und zeitintensiv. Im Rahmen einer nachhaltigen Stadtentwicklung setzte dieses Verfahren die Handlungssicherheit der Kommune voraus. Aber auch ein zu bewältigender Prozess, wie die Beispiele in Groningen zeigen, da sich auch Investoren veränderten Rahmenbedingungen anpassen können. Dieser Weg lohnt sich, da die gewachsene Innenstadt mit neuen Impulsen

und Fühlungsvorteilen gestärkt wird und Erweiterungsinvestitionen
erwartet werden können. Die Projekte in Groningen haben durch die
Theorie der Inseln und des verbindenden Korridors einen interessan-
ten Lösungsansatz, der sich auch auf andere Städte übertragen ließe
und an dessen Ende eine europäische Stadt stehen kann, die auch in
der Zukunft in der Lage ist, den veränderten Strukturwandelprozessen
Rechnung zu tragen. (Abb. 14)

Abb. 14

Lyon Confluence

Alexander Tölle

geboren 1970
Dipl.-Ing. Stadt- und
Regionalplanung
Diplom 1996, TU Berlin
seit 1999 Studium der
Europäischen Urbanistik an der
Bauhaus-Universität Weimar

Die Umsetzung des städtebaulichen Leitprojektes einer europäischen Metropole

1. Prélude: Der Mythos „Grand Projet"
2. Das Projektgebiet: Eine entstehende innerstädtische Brache
3. Die städtebaulichen Sünden der Moderne
4. Der Anspruch: Emblem der Euro-Cité Grand Lyon
5. Die Entwicklung des Projektes – Bildhafte Lancierung
6. Einsetzung der SEM
7. Flexible Planung und inhaltliche Definition
8. Zeichensetzende Startereffekte
9. Die Ausstrahlungskraft des Confluent
10. Résumé: Projektentwicklung „à la francaise" und „à l'européenne"

Projektpartner   Communauté urbaine de Lyon, Lyon, F (--> Seite 12 + 28)

1. Prélude: Der Mythos „Grand Projet"

Aus der Sicht von „jenseits des Rheins" erscheint der französische Begriff des „Grand Projet" für manche eine mythische Bedeutung auszustrahlen. Verbunden wird mit ihm ein von beeindruckendem Bauvolumen und avantgardistischer Architektur geprägtes Großvorhaben, das vermeintlich nur durch die Machtausübung eines starken Zentralstaates umsetzbar ist.

Das Grand Projet *Lyon Confluence* widerspricht diesem Klischee sehr deutlich. Wohl ist es ein Vorhaben von beachtlicher Größenordnung und mit hohen architektonisch-urbanistischen Ambitionen. Jedoch handelt es sich um das Leitprojekt einer selbstbewussten Metropole, die sich im Netz der europäischen Großstädte, der Euro-Cités, an vorderster Stelle zu positionieren wünscht. Paris spielt dabei weder als Sitz der Staatsregierung bei der Lancierung oder Durchführung des Projektes noch als Konkurrenzstadt eine Rolle. Maßstab sind vielmehr europäische Metropolregionen wie Barcelona, Stockholm oder Manchester. Mit diesem Anspruch nimmt Lyon im Übrigen durchaus keine Sonderstellung innerhalb Frankreichs ein, wo sich Städte und Regionen selbstständig und schon seit geraumer Zeit als attraktive Standorte präsentieren; das bekannteste Beispiel ist die Agglomeration von Lille mit dem Projekt Euralille.

In diesem Beitrag sollen das Projekt und seine Entstehung kurz erläutert werden; anschließend wird die aktuelle Aufgabenstellung von *Lyon Confluence* dargelegt. Es geht um die Entwicklung eines tragfähigen Konzeptes zur Umsetzung eines Großprojektes in innerstädtischer Lage. Beabsichtigt ist das Entstehen eines neuen Stadtteils, der sich durch seine Dimension, seine urbane Qualität und seine Ausstattung mit internationalen Institutionen als Ort europäischer Ausstrahlung auszeichnen soll.

2. Das Projektgebiet: Eine entstehende innerstädtische Industrie-Brache (Abb. 3–5)

Das Gebiet hat eine Größe von 150 ha und liegt an der Südspitze der von Saône und Rhône gebildeten Halbinsel, der „Presqu'île", auf der die Innenstadt Lyon's liegt. Der Zusammenfluss der beiden Ströme, der „Confluent", gibt dem Projekt seinen Namen. Seit Mitte des 19. Jahrhunderts ist das heutige Projektgebiet stadträumlich und funktio-

Abb. 1+2

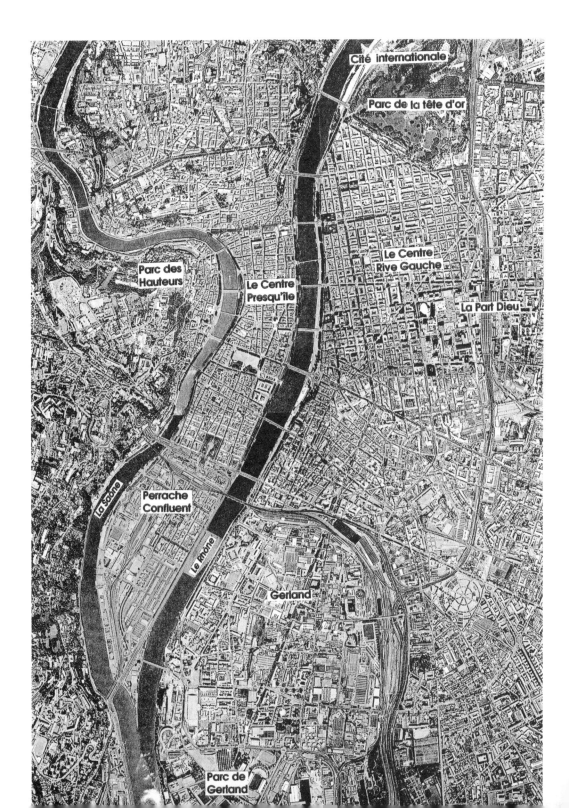

Abb. 3–5

nal durch die Gleisanlagen des Bahnhofs Perrache vom nördlichen
Teil der Halbinsel völlig abgeriegelt. Mit Ausnahme des unmittelbar
südlich an den Bahnhof angrenzenden, in der „Belle Epoque" entstandenen Wohnquartiers Sainte-Blandine, welches durch das Projekt
nicht berührt werden wird, ist das Gebiet zurzeit von großflächigen
Infrastruktureinrichtungen geprägt: der Großmarkt der Stadt, der ehemalige Hafen Port Rambaud, zwei Untersuchungshaftanstalten, umfangreiche Verschiebeanlagen der Staatsbahn SNCF, das ehemalige
Postverteilzentrum Montrochet sowie ein ehemaliges Gaswerks-
gelände.

Alle diese Einrichtungen werden, soweit sie nicht bereits verlagert
oder stillgelegt wurden, ihren dortigen Standort in den kommenden
drei bis sechs Jahren aufgeben. Dabei handelt es sich nicht um Ver-
lagerungen aufgrund des Projektes, sondern das Vorhaben wird für
diesen Standort konzipiert, da dieser seine bisherige stadträumliche
Funktion aufgrund von Transformationsprozessen verliert. Es handelt
sich also um einen Vorgang, wie er in vielen europäischen Groß-
städten des postindustriellen Zeitalters zu beobachten ist. Es wird in
Lyon möglich, ein unmittelbar an die Innenstadt angrenzendes, großes Gebiet komplett neu beplanen zu können. Die Grundstücke befinden sich größtenteils im Eigentum der Stadt sowie anderer öffentlicher Institutionen.

3. Die städtebaulichen Sünden der Moderne

Das Projekt hat sich ferner zum Ziel gesetzt, Planungsfehler, die
dem Geist der Moderne entstammen, zu beseitigen. In den 1970er
Jahren wurde die Autobahn von Paris nach Marseille, die „Autoroute
du soleil", quer durch die Innenstadt Lyons geführt. Vor dem Bahnhof
Perrache wurde, die vermeintliche Ausstrahlungskraft des Vereini-
gungspunktes der Schnellstraßen aus dem Norden und aus dem
Mittelmeerraum nutzend, ein so genannter „Stadtgenerator" in Form
eines „Centre d'échanges" errichtet. Es handelt sich um ein undimen-
sioniertes Umsteigegebäude mit mehreren Parkhäusern und Busbahn-
höfen. Sein Bau hatte für den „Cours de Verdun", den bis dahin be-
lebtesten Boulevard Lyons, devastierende Folgen. Mit dem Vorhaben
des Baus einer weiträumigen westlichen Autobahnumfahrung Lyons
sowie des Abrisses des stadtzerstörenden „Stadtgenerators" ist die
physische Voraussetzung für eine Überwindung der Abgeschnittenheit
des Projektgebietes gegeben.

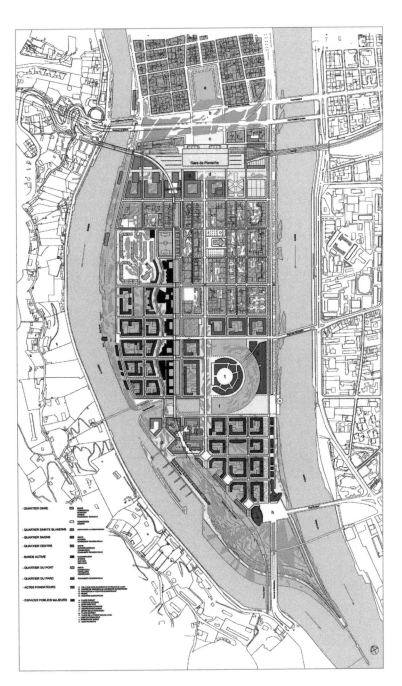

Abb. 6

4. Der Anspruch: Emblem der Euro-Cité Grand Lyon

An diesem Ort soll nun das Quartier als Emblem entstehen, mit dem sich die Agglomeration Grand Lyon international als europäische Metropole präsentieren möchte. Es soll über einen Zeitraum von zwanzig bis dreißig Jahren ein neuer Stadtteil mit 1,2 Mio. m² Nettogeschossfläche entstehen. Vorgesehen ist ein Mix von Wohnungen, Büros und Gewerbeobjekten sowie von öffentlichen, privaten, kulturellen und Freizeiteinrichtungen. Als Ikonen des Projektes sind ein *Musée des Confluences* als interaktives Museum mit Themenschwerpunkt Wissenschaft und Technik, ein noch nicht inhaltlich definiertes Wissenschafts- und Forschungszentrum sowie die Niederlassung einer ebenfalls noch nicht bestimmten europäischen Einrichtung vorgesehen. Diese Institutionen internationaler Größenordnung und Ausstrahlung werden als Gründungsakte, so genannte „acte fondateur" bezeichnet. Sie sollen die Initiation des neuen Quartiers befördern und sein Image prägen.

5. Die Entwicklung des Projektes – Bildhafte Lancierung (Abb. 6–8)

Das Projekt wurde 1998 durch den Grand Lyon, d. h. die kommunale Gemeinschaft der Stadt Lyon und ihrer 54 Umlandkommunen, mit einer Ausstellung in der Öffentlichkeit lanciert. Das vorgestellte Entwurfskonzept war in enger Zusammenarbeit mit einer Steuerungsgruppe des Grand Lyon unter Federführung von Oriol Bohigas aus Barcelona und dem Pariser Architekten Melot entstanden. Es diente der Darstellung der Potenziale des Gebietes sowie der Veranschaulichung des vorgesehenen Bauvolumens und bildet die Arbeitsgrundlage für die Umsetzungsplanung.

6. Einsetzung der SEM (Abb. 9+10)

1999 wurde durch den Grand Lyon die SEM Lyon Confluence gegründet und mit der Durchführung des Projektes betraut. SEM steht für „Société d´économie mixte"; es handelt sich um eine Gesellschaft mit öffentlichen und privaten Gesellschaftern. Die öffentlichen Konzessionäre, die die Mehrheit bilden, sind der Grand Lyon, die Stadt Lyon und das Département Rhône. Die Gesellschaft selbst wird von zwei Geschäftsführern geleitet und hat zehn Mitarbeiter. Diese sind in drei Arbeitsbereiche eingeteilt: Öffentlichkeitsarbeit, Bodenerwerb und Bodenordnung sowie Studien und Städtebau. Die Aufgabe dieser kleinen Equipe ist in der jetzigen Phase die Initiierung des Umsetzungsprozesses und lässt sich in zwei Schwerpunkttätigkeiten zusammenfassen.

7. Flexible Planung und inhaltliche Definition

Die SEM leitet den Prozess der Erstellung der Pläne sowie des Dossiers für die förmliche rechtliche Festlegung einer besonderen Entwicklungszone, einer „Zone d´aménagement concerté" oder abgekürzt „ZAC". Der städtebauliche Entwurf selbst wird durch eine externe Equipe unter Leitung des Urbanisten François Grether und des Landschaftsplaners Michel Desvigne erstellt.

Es werden nur wenige definitive Festlegungen erarbeitet werden. Vielmehr wird ein Rahmenplan erstellt mit einer Architekturcharta, auf deren Grundlage die Grundstücke später im Rahmen städtebaulicher Verträge verkauft werden.

Abb. 7+8

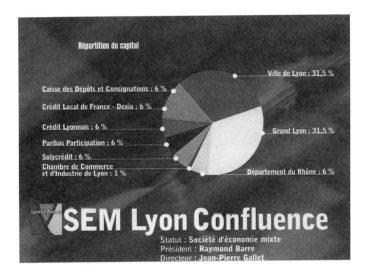

Abb. 9+10

Chiffres-clés

Population à terme
25 000 habitants
16 000 emplois

· Aujourd'hui à Sainte-Blandine :
  7 000 habitants, 2 000 emplois

Emprise foncière globale : 150 hectares

Esquisse de programmation
· Logements et activités "pied d'immeuble"	545 000 m²
· Equipements publics et privés	310 000 m²
· Bureaux	225 000 m²
· Commerces, hôtellerie, loisirs	120 000 m²
	1 200 000 m²

· Espaces publics à créer (parc, promenades...) **50 hectares**

Estimations financières - Dépenses publiques
· Equipements d'agglomération (infrastructures et grands équipements)	3 350 MF HT
· Equipements de quartier (voiries, espaces publics, équipements scolaires et sociaux)	3 500 MF HT
· Contribution à l'équilibre de l'opération d'aménagement	850 MF HT
	7 700 MF HT

· Ouvrages routiers, bouclage du périphérique **5 000 MF HT**
  et liaisons routières

Abb. 11+12

Daneben erfolgt die Definition des Images, mit dem sich der neue Stadtteil präsentieren wird. Die dominierende Vorstellung ist die eines urbanen, nutzungsdurchmischten und durchgrünten Quartiers, welches vom öffentlichen Raum ausgehend entwickelt wird. Dieser „Espace public" soll zu einem Markenzeichen des neuen Stadtteils werden, übrigens eine generelle und viel beachtete Strategie des Grand Lyon.

8. Zeichensetzende Starterprojekte (Abb. 11–14)
Das Projekt ist in seiner derzeitigen Phase nicht im öffentlichen Bewusstsein präsent. Das Projektgebiet ist zudem ein im städtischen Bewusstsein nicht existierender Ort, der von der Lyoner Bevölkerung „derrière les voûtes", „hinter den Gewölben", genannt wird. Die kurzfristig realisierbaren urbanistischen Projekte der SEM Lyon Confluence zielen daher darauf ab, diese Abgeschnittenheit sowohl physisch als auch in den Köpfen aufzubrechen. Es geht darum, das an dem Standort Gewollte durch erste exemplarische Maßnahmen frühzeitig anschaulich zu machen.

Das erste Vorhaben ist die Schaffung eines repräsentativen Entrées von der Innenstadt zum Gebiet. Es geht um die Anlage eines attraktiven Platzes vor dem Südausgang des Bahnhofs Perrache, wozu elf Gebäude abgerissen werden. An den zukünftigen Platz angrenzend, werden in ein aufwändig umgebautes historisches Gebäude die städtischen Archive einziehen, also eine erste Institution mit regionaler Ausstrahlung. Zudem wird in den Platz mittelfristig eine zusätzliche und gut gestaltete Bahnhofsunterführung, die „Voûte Smith", münden.

Das zweite Projekt ist die Anlage einer Fußgänger- und Radfahrerpromenade entlang der Saône als Grünverbindung von der Innenstadt zur Spitze des Confluent. Die Spitze selbst wurde bereits landschaftlich gestaltet und erhält als Merkmal ein illuminiertes Kunstwerk. Beide Startervorhaben werden sich sowohl durch eine qualitätvolle, gleichzeitig aber provisorische und flexible Ausführung auszeichnen. Diese wird Raum für die endgültige Gestaltung freihalten, die erst im Zuge der Fortschreitung des Gesamtprojektes erfolgen kann.

9. Die Ausstrahlungskraft des Confluent (Abb. 15)
Es sei auf das starke Ausstrahlungspotenzial des Gebietes trotz seiner Lage „hinter den Gewölben" hingewiesen. Es ist der Ort des Zusammentreffens der beiden Flüsse, deren Täler die natürlichen Wegeachsen zwischen Nordeuropa und dem Mittelmeerraum bilden,

Abb. 13

an deren Kreuzung sich die Stadt gegründet hat und denen sie ihr Wachstum und ihre europäische Bedeutung über Jahrhunderte verdankt. Der erste, der dort ein „Starterprojekt" errichten wollte, war niemand anderes als Napoléon I., der zur Initiierung einer Bebauung des Confluent an diesem Ort einen Palast errichten wollte; ein Plan, der durch den Sturz des Kaiserreiches nicht zur Ausführung gelangte.

10. Résumé: Projektentwicklung „à la française" und „à l'européenne"

Das „Grand Projet" Lyon Confluence ist ein europäisches Modellprojekt im buchstäblichen Sinne. Es ist das Leitprojekt einer Agglomeration, die in einem entstehenden „Europa der Regionen" die Metropole einer solchen Region werden möchte und die im Verbund aber auch in der Konkurrenz der „Euro-Cities" eine vordere Position einnehmen will. Es scheint dabei durchaus selbstverständlich zu sein, dass diese Ambition einhergeht mit der Schaffung eines Stücks neuer europäischer Stadt, d. h. der Durchführung eines großen urbanistischen Projektes. Barcelona und Villa Olímpica, Hamburg und Hafencity, Lille und Euralille – in diesen Kontext ordnet sich das Projekt Lyon Confluence ein.

Daneben geht es um die Problematik, der sich heute zahlreiche europäische Städte stellen müssen: Die Entstehung großflächiger Brachflächen, oft in unmittelbarer Innenstadtnähe gelegen. Nach der Freiwerdung infolge von Transformationsprozessen bedürfen diese ehemals der städtischen Infrastruktur zugehörigen Bereiche wie Industrie-, Eisenbahn- oder Hafenflächen einer Entwicklungsstrategie, die zur Entstehung von in den gesamtstädtischen Kontext integrierten, für die Bewohner gleichermaßen wie für Investoren attraktiven neuen Quartieren führt.

Die bei der Entwicklung des Projektes Lyon Confluence verfolgte Strategie ist gekennzeichnet durch zweierlei:
1. die Erarbeitung einer städtebaulichen Planung, die an ihrer Umsetzbarkeit im Rahmen öffentlicher und privater Investitionen ebenso wie an ihrer urbanen Qualität gemessen wird, und
2. die Definition einer inhaltlichen Bestimmung und eines Images für das neue Quartier; dazu gehört die Konzeption der Ansiedlung von Institutionen mit internationaler Größenordnung ebenso wie die Nutzung und Überhöhung der symbolischen Ausstrahlungskraft der faszinierenden Geschichte des Ortes und des emblematischen Bildes des Zusammenflusses der beiden Flüsse der Stadt.

Abb. 14

Abb. 15

Südstadtentwicklung Tübingen

Wolfgang Wackerl

geboren 1972
Dipl.-Ing. Landschaftsarchitektur
Diplom 1999, TU München-
Weihenstephan
seit 1999 Studium der
Europäischen Urbanistik an der
Bauhaus-Universität Weimar

Die Tübinger Südstadtentwicklung als Plädoyer für einen konstruktiven Umgang mit Konflikten

1. Projektpartner Stadtsanierungsamt Tübingen/Modellprojekt
2. Einleitung – Die städtebauliche Entwicklungsmaßnahme *Südstadt Tübingen*
3. Konzept „Stadt mit Eigenschaften" – Heterogene Bausteine innerhalb einer kommunikativen Rahmenstruktur
    3.1. Heterogene Bausteine für eine lebendige, vielfältige Stadt mit Charakter
    3.1.1 Nutzungsvielfalt – Parzellierung
    3.1.2 Bauliche und soziale Vielfalt
    3.2. Kommunikative Strukturen als Verbindung der heterogenen Bausteine: „Das Ganze ist mehr als die Addition seiner Teile."
    3.2.1 Erhöhung der Kommunikationsbereitschaft
    3.2.2 Dichte von Kontakten, Einrichtungen und Möglichkeiten
    3.2.3 Verbindung und Austausch zwischen den einzelnen Bausteinen
    3.2.4 Konstruktiver Umgang mit auftretenden Konflikten
    3.2.5 Mediatisierung – Vermittlung
4. Beispielhaftes Teilprojekt innerhalb des Gesamtkonzepts: „Bausteine für den Lorettoplatz – Wir bauen mit !"
5. Fazit
6. Bibliografie

Projektpartner   Stadtsanierungsamt Tübingen, D (--> Seite 13 + 34)

1. Projektpartner Stadtsanierungsamt Tübingen/Modellprojekt
Das Stadtsanierungsamt Tübingen ist seit 1991 als kommunales Sonderamt mit der Maßnahmenplanung für die städtebauliche Entwicklungsmaßnahme *Südstadt Tübingen* beauftragt. Zuvor war das Sonderamt mit der Altstadtsanierung Tübingens betraut. (Abb. 1) Viele zeitlose Gedanken aus dem Kontext „historische europäische Stadt" werden auf die gegenwärtige Südstadt übertragen.

Das Amt besteht aus 5 Mitarbeitern: Amtsleitung Dr. Andreas Pätz (Vorgänger: Andreas Feldtkeller), Stellvertretende Amtsleitung, Öffentlichkeitsarbeit, Technisches Büro, Sekretariat.

Die Aufgabenschwerpunkte des Amtes liegen in der Konzeption und im Management der Entwicklungsmaßnahme. Das umfangreiche Arbeitsprogramm reicht von der Entwicklung der städtebaulichen

Abb. 1

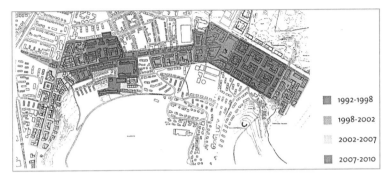

1992-1998

1998-2002

2002-2007

2007-2010

Abb. 2

Abb. 3

Rahmenplanung über die aktive, gestaltende Auseinandersetzung mit potenziellen Investoren bis hin zu effektiver Öffentlichkeitsarbeit vor Ort.

Modellprojekt – allgemeine Projektinformationen (Abb. 2):
• Städtebauliche Entwicklungsmaßnahme *Südstadt Tübingen,*
• Standort: ehemaliges Kasernengelände im „Jenseits" der Stadt (Südstadt Tübingen),
• Fläche: 43,5 ha,
• Zeitraum: 4 Entwicklungsstufen über 15–20 Jahre (seit 1991),
• Ziel: neuer, lebendiger Stadtteil für 6.000 Menschen und 2.500 Arbeitsplätze,
• Konzept: „Stadt mit Eigenschaften" (Konsequente Nutzungs mischung (Stadt der kurzen Wege), vielfältige Bausteine innerhalb einer flexiblen Rahmenstruktur.

2. Einleitung – Die städtebauliche Entwicklungsmaßnahme „Südstadt Tübingen" (Abb. 3)

Dieser Bericht setzt sich mit der Entwicklung der Südstadt Tübingens auseinander und ist als Plädoyer für einen konstruktiven Umgang mit Konflikten zu verstehen. (Abb. 4) Stadtplanung, wie sie in Tübingen praktiziert wird, sieht sich in der Verantwortung, „räumliche Strukturen anzubieten, in denen die Menschen (...) mit eigener Phantasie und Kraft städtisches Leben aufbauen können" (Andreas Feldtkeller). Diese Strukturen dienen nicht der Vermeidung von Störungen und Kontroversen, sondern deren Integration und Organisation innerhalb eines Rahmens, so dass neue Lösungswege und Synthesen durch aktive Auseinandersetzung entstehen können. „Wer in der Südstadt investiert, muss davon ausgehen, dass Mischung nicht reibungslos ist, sondern auch zu Konflikten zwischen Bewohnern und Unternehmen führen kann – Konflikte, die ganz selbstverständlich zur Kultur eines lebendigen und vielfältigen Stadtteils gehören" (Stadtsanierungsamt Tübingen). (Abb. 5)

Anfang der 90er Jahre wurden im Süden Tübingens auf dem Gelände der französischen Garnison durch deren Abzug aus der Stadt ca. 43,5 ha frei, die daraufhin vollständig zum städtebaulichen Entwicklungsbereich erklärt wurden. (Abb. 6)

Abb. 4

Abb. 5

Abb. 6

Abb. 7

Abb. 8

Abb. 9

Das Stadtsanierungsamt, bis dahin mit der Altstadtsanierung Tübingens betraut, wurde mit der Maßnahmenplanung für die Südstadt beauftragt (viele Gedanken aus der Altstadtsanierung wurden als zeitlose Leitgedanken für „Stadt" übernommen). Für das Planungsgebiet wurde ein städtebaulicher Wettbewerb durchgeführt. Dieser wurde vom Stadtsanierungsamt überarbeitet und zu einem ausführlichen Rahmenplan weiterentwickelt und schließlich vom Gemeinderat verabschiedet. Dieser Rahmenplan mit der Formulierung von Qualitätszielen steht im Zentrum der Entwicklungsmaßnahme und gilt als Grundlage für die einzelnen Bebauungspläne sowie als Leitlinie und Argumentationsbasis bei der Vergabe an Investoren. Mit dem vom Gemeinderat verabschiedeten Rahmenplan und seinen Zielen steht dem Stadtsanierungsamt ein wirksames städtebauliches Instrument zur Verfügung.

3. Konzept „Stadt mit Eigenschaften" – Heterogene Bausteine innerhalb einer kommunikativen Rahmenstruktur
Der niederländische Architekt und Stadtplaner Rem Koolhaas beschreibt die eigenschaftslose Stadt als „Evakuierung der öffentlichen Sphäre": „Die urbane Fläche berücksichtigt nur noch notwendige Bewegung (...) Die eigenschaftslose Stadt lockert alle Strukturen, die in der Vergangenheit für den Zusammenhalt der Dinge gesorgt haben" (Rem Koolhaas, „Stadt ohne Eigenschaften", Lettre International 1/97). (Abb. 7–9)
    Die Stadt Tübingen formuliert ihre Version der „Stadt mit Eigenschaften": Kommunikative Strukturen vernetzen vielfältige Bausteine miteinander, sorgen für den Zusammenhalt der Einzelteile und tragen dazu bei, dass die auftretenden Konflikte integriert und produktiv aufgelöst werden können. Ziel der Südstadtentwicklung Tübingens ist eine lebendige und lebenswerte Stadt, die sich aus unterschiedlichsten Bausteinen zusammensetzt, welche ihrerseits durch eine dynamische, kommunikative Struktur zusammengehalten werden.

3.1. Heterogene Bausteine für eine lebendige, vielfältige Stadt mit Charakter
3.1.1 Nutzungsvielfalt – Parzellierung (Abb. 10)
Alle Teilflächen des Planungsgebiets sind als „Mischgebiete" ausgewiesen, nach der in der Baunutzungsverordnung vorgegebenen Definition. Bei der Vergabe der kleinen bis mittelgroßen Parzellen, werden zunächst Interessenten berücksichtigt, die für den eigenen Bedarf im Bereich Wohnen und Gewerbe bauen wollen und die sich zu Baugemeinschaften unterschiedlicher Größe zusammenschließen. Das Gewerbe soll jeweils im Erdgeschoss angesiedelt sein, was zur Belebung des öffentlichen Raums beiträgt. Somit ist gewährleistet, dass ein Quartier durchgängig, d. h. nicht nur zu den Hauptgeschäftszeiten belebt bleibt. Diese Belebung ermöglicht Kontakte und erleichtert den Alltag; nicht nur für die Bewohner, auch die Beschäftigten und Unternehmen profitieren von den Standortfaktoren, die ein lebendiger Stadtteil bietet. „Mischung bedeutet nicht einfach beliebiges Zusammenwürfeln. Es geht darum, ebenso weit entfernt von planerischen Allmachtsphantasien wie vom planungsfeindlichen Laissezfaire, die richtigen Bausteine zusammenzufügen, deren Bindemittel die Stadt bildet. Oder, um ein anderes Bild zu gebrauchen, Fäden aufzunehmen, zu verknüpfen und zu ergänzen, so dass Zusammenhänge

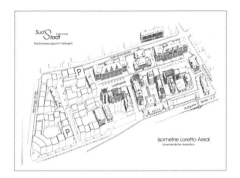

Abb. 10   Abb. 11

neu oder wieder hergestellt werden, und dass aus dem Vielen etwas
Neues entsteht, ein Gewebe mit vielfältigen Mustern, in dem die
Stadt eine zugleich tragfähige und flexible Struktur ist" (Gabriele
Steffen, ehem. Oberbürgermeisterin von Tübingen).

3.1.2 Bauliche und soziale Vielfalt
Die einzelnen Bebauungspläne machen abgesehen von den
Baufenstern, Baulinien und den Gebäudehöhen keine genaueren
Vorgaben hinsichtlich der Gebäudegestaltung, was den einzelnen
Bauherren und Architekten große Freiheiten lässt. Die Planung verzichtet ganz bewusst auf Gestaltungsvorgaben wie Dachneigung,
Farbe, Materialwahl oder Fassadengestaltung, auch wenn sich man-
ches „Architektenauge" an einigen besonders „harten" Übergängen
nach mehr Harmonie und Einheitlichkeit sehnen mag. Die große Vielfalt der Bauformen soll zusammen mit der Favorisierung von Baugemeinschaften vielfältigster Zusammensetzung dazu beitragen, das
unterschiedlichste Bevölkerungsgruppen mit ihren jeweiligen Lebensstilen in der Südstadt ihr Zuhause finden können und die Chance
erhöhen, dass Teilbereiche des sozialen Netzes durch die Bevölkerung
im Quartier selbst organisiert und getragen werden.

3.2 Kommunikative Strukturen als Verbindung der heterogenen Bausteine: „Das Ganze ist mehr als die Addition seiner Teile."
Wie lassen sich die vielfältigen Elemente zu einer kommunikativen
Einheit verbinden? Wie lässt sich erreichen, dass trotz der Vielzahl von
Beteiligten und miteinander konkurrierenden Kräften, ein „Ganzes",
ja letzten Endes „Stadt" entsteht? Das Konzept der „Stadt mit Eigenschaften" sieht eine flexible Rahmenstruktur vor, die dem Einzelnen
seinen Rückzugsbereich, seine Nische einräumt und gleichzeitig die
Voraussetzung schafft für gegenseitige Annäherung und kommunikatives Zusammenspiel.

3.2.1 Erhöhung der Kommunikationsbereitschaft (Abb. 11)
Kommunikation lässt sich nicht erzwingen. Nur da, wo man einander
auch aus dem Weg gehen kann, ist Kommunikation möglich. Das bedeutet ganz konkret, innerhalb des Stadtteils muss es eine klare räumliche Differenzierung geben zwischen a) privaten, individuellen Rück-

zugs- und Lebensbereichen und b) dem öffentlichen Raum. Im Falle der Südstadt schirmen klare 3–5-geschossige Blockstrukturen die privaten Innenhöfe von der öffentlichen Sphäre ab. Die einzelnen Parzellen besitzen jeweils Vorder- und Rückseite: Nach hinten orientiert sich der abgeschirmte, private, introvertierte Bereich, während sich die Front der Gebäude direkt zum öffentlichen Raum hin öffnet.

3.2.2 Dichte von Kontakten, Einrichtungen und Möglichkeiten

Um möglichst viele Kontakte und Überlappungen von Ereignissen zu provozieren, ist eine gewisse soziale wie bauliche Dichte nach der Erfahrung und Argumentation des Stadtsanierungsamtes Tübingen Voraussetzung. Die hohe Dichte (eine GRZ von 0,6–0,8) ist gewollt: Auch wenn Dichte einen Sachverhalt darstellt, der nicht nur positive Assoziationen hervorruft, so versteht das Stadtsanierungsamt den Dichtebegriff in erster Linie als Anhäufung von Kontakten, Einrichtungen und Möglichkeiten.

3.2.3 Verbindung und Austausch zwischen den einzelnen Bausteinen

In seinem Essay The city is not a tree machte bereits Christopher Alexander deutlich, dass eine lebendige Stadt Überschneidungen und Überlappungen von Funktionen benötigt. Nur wenn Bereiche mehrfach funktional belegt sind, kommt es zu Begegnung und zu einem Ineinandergreifen der unterschiedlichen Sphären. Um die einzelnen Elemente miteinander zu verbinden, sind kommunikative Strukturen notwendig, die den Austausch zwischen den vielfältigen Bausteinen sichern. Dem öffentlichen Raum als kommunikative Zone des Austauschs und der Aneignung kommt besondere Bedeutung zu. Darüber hinaus versucht das Stadtsanierungsamt durch Öffentlichkeitsarbeit, Information und Organisation von Diskussionsrunden etc. kommunikative Prozesse zwischen den Beteiligten zu initiieren.

Abb. 12

3.2.4 Konstruktiver Umgang mit auftretenden Konflikten (Abb. 12)

Bei nutzungsgemischten Strukturen treten zwangsläufig Konflikte auf. Konfliktparteien begreifen ihre Auseinandersetzung meist als etwas per se Negatives. Dabei liegt gerade in der Auseinandersetzung eine nicht zu unterschätzende kreativ-produktive Kraft. Stellen wir uns ein Konzert mit vielen Musikern und vielen Instrumenten vor. Innerhalb des vorgegebenen Rahmens von Tonart, Tempo und Takt bewegen sich die einzelnen Akteure. Hin und wieder treten Spannungen und. Disharmonien auf, die das Musikstück dramatisieren, mit Lebendigkeit füllen und wieder nach harmonisierender Auflösung verlangen. Beim Konzertieren (lat. concertare = austragen, streiten) werden Konflikte evoziert und ausgetragen: Ohne Reibungen und Disharmonien wäre die Musik ohne Leben und ohne Gefühl. Das Konzert ist Synonym für kultivierte, niveauvolle und produktive Streitkultur.

In Tübingen finden sich viele Beispiele für die bewusste und konstruktive Auseinandersetzung mit zwangsläufig auftretenden Konflikten. Es seien stellvertretend die privaten Baugemeinschaften genannt, die den Zusammenschluss mehrerer Bauwilliger darstellen und sich schon zu einem frühen Zeitpunkt mit unterschiedlichen Vorstellungen und Interessen der Beteiligten auseinandersetzen. Dabei werden frühzeitig Nutzungskonflikte aufgedeckt und in produktiv-kreative Lösungsansätze umgewandelt. Darüber hinaus stellt das Stadtsanierungsamt Bürgerbeteiligungsprozesse in den Mittelpunkt der Maßnahme.

Nach dem Motto „Die Stadt kann nicht alles machen. Alle machen die Stadt" werden Strukturen (z. B. Foren und Räume) geschaffen, die Partizipation nicht nur möglich machen, sondern provozieren und initiieren.

3.2.5 Mediatisierung – Vermittlung

Die besonderen Ziele des Tübinger Konzeptes bedürfen einer entsprechenden Erläuterung und Vermittlung. Nur wenn ein entsprechendes Problembewusstsein und eine allgemeine Kenntnis der städtebaulichen Ziele mit ihren Folgen für den Einzelnen bekannt sind, kann sich daraus auch die Bereitschaft eines gegenseitigen Entgegenkommens entwickeln. Daraus ergibt sich die Notwendigkeit einer effektiven Öffentlichkeitsarbeit, die es versteht, auch komplizierte Inhalte allgemeinverständlich zu vermitteln und abstrakte Zielsetzungen in einfachen Leitbildern zu visualisieren. Das Stadtsanierungsamt versteht sich daher auch als Dienstleistungseinrichtung, die interessierten Bürgern als Ortsbüro weit über die üblichen Öffnungszeiten hinaus Information und fachliche Beratung bietet. Gerade in dieser konstruktiven und sehr zeitintensiven Auseinandersetzung mit auftretenden Konflikten und der spontanen, unbürokratischen Vermittlungstätigkeit zwischen den Angelegenheiten der Beteiligten unmittelbar vor Ort liegt einer der Hauptgaranten für den Erfolg der Maßnahme.

4. Beispielhaftes Teilprojekt innerhalb des Gesamtkonzepts: „Bausteine für den Lorettoplatz – Wir bauen mit!" (Abb. 13+14)

Anhand eines Teilprojektes möchte ich beispielhaft aufzeigen, wie das theoretische Konzept im konkreten Fall seine Umsetzung findet: Der Lorettoplatz ist der zentrale Stadtteilplatz im westlichen Teil der Erschließungsmaßnahme. Um der besonderen Bedeutung des Platzes Rechnung zu tragen, initiierte das Stadtsanierungsamt einen sehr ausführlichen und zeitintensiven Bürgerbeteiligungsprozess. Als Ergänzung dazu wurde schon während der Bauphase eine Interimslösung angedacht, um eine frühzeitige Aneignung des öffentlichen Raumes durch die Anwohner zu ermöglichen. Mit geringen materiellen, personellen und finanziellen Mitteln sollte das vorhandene Image von der „ewigen Baustelle Lorettoplatz" zu einem neuen Image eines „lebendigen, öffentlichen Platzes" positiv verändert werden. Die unmittelbare Einbeziehung und Initiierung von Partizipationsprozessen und die schnelle Umsetzung durch die Anwohner selbst wurden als Garanten für eine hohe Akzeptanz und stärkere Aneignung des Lorettoplatzes angesehen. Grundgedanke des Gesamtkonzeptes war eine vorgegebene Rahmenstruktur anhand einzelner Bausteine, die unterschiedlich gereiht, kombiniert und interpretiert werden können. Dadurch soll innerhalb des definierten Rahmens eine hohe Flexibilität gewährleistet sein; stets bleibt Raum für spontanes Verhalten. Die singulären Bausteine sollen unmittelbare und aktive Auseinandersetzung mit dem öffentlichen Raum provozieren, indem sie entsprechend der jeweiligen Bedürfnisse von Einzelpersonen oder Gruppen modifiziert, kombiniert und genutzt werden können. Ziel der Maßnahme ist die aktive, unmittelbare Bürgerbeteiligung vor Ort mit kurzfristigen Ergebnissen, die ihrerseits wieder neue aktive Auseinandersetzung provozieren.

Anhand einfacher Skizzen konnten zu Beginn vielfältigste Nut-

Abb. 13+14

Abb. 15+16

zungsmöglichkeiten und Spielräume aufgezeigt und die einzelnen Akteure zur Mitarbeit gewonnen werden. (Abb. 15+16) Somit wurde das theoretische Konzept durch die Vielzahl von Inputs der unterschiedlichen Beteiligten schon im Vorfeld der Maßnahme auf eine praktische Umsetzung hin konkretisiert und vorbereitet. Ergebnis dieses kommunikativ-kreativen Prozesses war ein Baukastensystem, das sich aus hölzernen Würfeln unterschiedlicher Größe zusammensetzt. Man ging davon aus, dass ein Großteil der Interpretationen erst durch die unmittelbare Auseinandersetzung mit dem Material, dem Raum und den anderen Beteiligten vor Ort spontan entwickelt werden würde. Schließlich wurde gemeinsam mit allen Beteiligten ein Aktionstag unter dem Motto „Bausteine für den Lorettoplatz – Wir bauen mit!" vereinbart. (Abb. 17) Die hierfür notwendige Organisation wurde hauptsächlich vom Stadtsanierungsamt delegiert und abgestimmt. Mit der Installation der erstellten Baukastensysteme im öffentlichen Raum ist der Prozess keinesfalls abgeschlossen. Die Möglichkeit der Neuinterpretation ist weiterhin vorhanden. Kritische Auseinandersetzung der Nutzergruppen mit dem System sowie Veränderung oder Nachbesserung ausdrücklich erwünscht. Die gesamte Maßnahme wird als offener Prozess betrachtet, die Planung steckt lediglich den Rahmen ab. Ziel ist keine Ideallösung in Form einer endgültigen Gestaltung als Ergebnis einer Abstimmung im Vorfeld, sondern eine flexible, alltagstaugliche Struktur, innerhalb der stets Veränderungen, Nachbesserungen und Uminterpretation möglich, ja erwünscht sind.

5. Fazit

Abb. 17

Der Architektur- und Städtebaukritiker Christian Marquart macht deutlich, dass „Stadt" in Tübingen „nicht durch die Addition von architektonischen und städtebaulichen Großprojekten" entsteht, „sondern durch die Beheimatung von Menschen, die sich bewusst auf einen städtischen Lebensstil eingelassen haben und noch einlassen wollen. Urbanität realisiert sich hier durch Bewohner, nicht durch putzig möblierte, schlecht frequentierte Plätze oder Bistros, und nicht bloß auf Zeit durch Büropersonal in der Mittagspause" (Christian Marquart in *Stadt in Eigenschaften*).

Dennoch präsentiert Tübingen kein idealtypisches Patentrezept für die Stadt von morgen, das 1:1 auf andere Orte übertragbar wäre. Von Fall zu Fall müssen spezifische Fragestellungen, örtliche Herausforderungen und Potenziale berücksichtigt und aufgegriffen werden. Allerdings ist das Beispiel Tübingen als ein Appell zur mutigen Auseinandersetzung mit den Kontroversen und Reibungen vor Ort zu sehen. (Abb. 18) Wenn es gelingt, die vielfältigen und bisweilen opponierenden Kräfte zu integrieren und so zu organisieren und zu moderieren, dass sie sich produktiv auflösen, kann lebendige Stadtkultur entstehen. Die mutige und engagierte Auseinandersetzung mit alltäglichen Konflikten in der Südstadt und deren Integration in ein flexibles, kommunikatives Rahmenkonzept ist durchaus als modellhaft und vorbildlich für Stadtplanung insgesamt zu werten.

Abb. 18

6. Bibliografie

Andreas Feldtkeller: *Die zweckentfremdete Stadt. Wider die Zerstörung des öffentlichen Raumes*, Frankfurt a. M./New York, 1994

Stadtsanierungsamt Tübingen, Cord Soehlke: *Stadt mit Eigenschaften*, Tübingen, 1999

Stadt Tübingen: *Rahmenplan der Stadt Tübingen*, Tübingen, 1994

Jessen et al.,: *Ohne Leitbild? Städtebau in Deutschland und Europa*, Stuttgart/Zürich 1998

Fazit und Ausblick

Stadtentwicklung und Städtebau im 21. Jahrhundert: Perspektive für die Lehre

Das *Mühl Forum Europäische Urbanistik* hat den ersten Testlauf mit der Präsentation gestern und heute erfolgreich bestanden. Wer hätte das gedacht, als die Idee 1998 Konturen annahm und der Studiengang 1999 eingerichtet wurde, dass eine so beachtliche Gemeinschaft von spannenden Projekten gefunden, an den Studiengang gebunden und durch engagierte Studenten-Persönlichkeiten bearbeitet wird. Jedes einzelne Projekt ist ein komplexes fantasievolles Ereignis.

Karl Ganser,
IBA Emscher-Park

Gerade weil das so ist und weil mit jedem Projekt auch eine interessante personale Konstellation verbunden ist, muss nach dem Kern des Studiums und nach den strategischen Lernzielen gefragt werden. Denn die Gefahr ist schon gegeben, dass durchaus interessante und anspruchsvolle Projekte in die folgenden Perioden des Studiengangs akquiriert werden können, wo sich die Kontakte eben ergeben und die Motivation der einzelnen Studierenden liegt, zumal die Akquisition solcher Projekte schwer genug ist. Aber eine Kernkompetenz des Studiengangs und ein nach außen hin wahrnehmbares Profil entsteht auf diese Weise nicht.

Also möchte ich die Frage nach der Fragestellung dieses Studienganges und nach der Qualifikation der Absolventen gerade am Ende der Präsentation aufrufen und mich und uns daran erinnern, was 1998 als eine mögliche Vision in Gesprächen zwischen mir und Wolfgang Christ und mit anderen herausgearbeitet wurde.

1

Wenn wir uns vergegenwärtigen, was zur Zeit die Fachdebatte in Architektur und Städtebau beherrscht, dann fällt uns zuerst die Vielzahl der Symposien und Kongresse zum Thema „Europäische Stadt" ein. Und da der Mühl Forum Studiengang „Europäische Urbanistik" heißt, wäre es nahe liegend anzunehmen, dass eben dieses Thema im Mittelpunkt dieses Studiengangs steht.

Genau dies wollten wir nicht. Denn die Debatten und Bekenntnisse zur europäischen Stadt sind auf ein historisches Leitbild gerichtet, das in seiner siedlungsstrukturellen Genese der vorindustriellen Epoche, also der Feudalzeit, zuzurechnen ist. So eine Stadt, so eine Urbanität wieder bauen zu wollen, ist bar jeder Realität, entstand einem Gedankengut des „Re", also Re-Urbanisierung und Re-Kultivierung, sozusagen zurück zur guten alten Zeit.

Diese Gefühlslage, die vielen Architekten, Stadtplanern und Stadtpolitikern eigen ist, drückt sich auch in der praktischen Politik aus. Die großen Anstrengungen in der praktischen Politik richten sich auf die Pflege historischer Stadtkerne und den Schutz von „intakten Kulturlandschaften". Gemessen an der realen Siedlungsstruktur sind dies „kleine Briefmarken" der bestehenden Wirklichkeit, die dann mit Stadtsanierungsprogrammen und Denkmalsatzungen einerseits und Natur- und Landschaftsschutzgebieten andererseits belegt werden, wahrscheinlich nicht mehr als 5 % der real existierenden Siedlungslandschaften.

Die damit verbundene Ausblendung all dessen, was nicht diesem historischen und wohl gefügten Bild von Stadt und diesem ebenso historischen und wohlgeordneten Bild von intakter Landschaft entspricht, das ist eine hartnäckige und gefährliche Realitätsverweigerung und eine Fehllenkung von fachlichem Interesse und raumgestaltender Politik. Der ungeliebte Siedlungsbrei, die Zwischenstadt mit ihren Verkehrsanlagen, Gewerbezonen, Einkaufsmärkten, Wohnansiedlungen und mit den zerstückelten Landschaftssplittern dazwischen darf sich – mangels Beachtung – auf diese Weise ungestört entwickeln wie bisher.

Zu dieser weit verbreiteten Nicht-Beachtung zählt dann auch, dass die in der Industriezeit gestalteten Siedlungsbereiche mit Format in ihrem historisch-städtebaulichen Wert ebenso wenig erkannt und geachtet werden wie in ihrem geschichtlichen Zeugnischarakter. Auf diese Weise können ganze Industrieareale mit ihren Industriearchitekturen und zugehörigen Wohnsiedlungen im Rahmen der „Konversion" rückstandslos beseitigt und einer perspektivlosen Neuplanung zugeführt werden. Denn so weit für diese Flächen überhaupt städtebauliche Pläne, gar in Gestalt von Wettbewerben durchgeführt werden, sind sie an diesen soeben kritisierten „alten Leitbildern" bewusst oder unbewusst orientiert. Eben diese städtebaulichen und baulichen Formeln lassen sich aber durch die funktionalen und ökonomischen Erfordernisse der heutigen Zeit nicht mehr ausfüllen. Also bleiben die Planungen auf dem Papier und in der Realität entsteht das, was auch ohne Plan gebaut wird.

Damit ist das zentrale Thema für die europäische Urbanistik mit Gegenwartsbezug und Zukunftsfähigkeit bestimmt: Die Transformation der Zwischenstadt ohne Re-Urbanisierung und ohne Re-Kultivierung und ohne ideologiebehaftetes neues Leitbild.

Gerade dann, wenn kein fest umrissenes Idealbild von Stadt die Grundlage des Entwerfens bildet, bedarf es einer besonders starken strategischen Orientierung, um am Projekt, am Einzelfall und in der lokalen Gegebenheit nicht wahllos und beliebig zu werden.

Zum Thema „Zwischenstadt" gehören daher Grundwerte, verbunden mit Wertefestigkeit, wenn es darum geht, Opportunitäten zu widerstehen, Sachzwänge aufzulösen und bequemere Aufträge auch abzulehnen.

2
Grundwerte

2.1
Nachhaltigkeit
Schon in vorindustriellen Epochen haben sich Hochkulturen zu Lasten der Umwelt reich gemacht. Ihre Blüte ging als Folge der Ausbeutung der Umwelt zu Ende. Heute verfügt die Bereicherung zu Lasten der Umwelt über bisher nie da gewesene technische Möglichkeiten und weltweite Gefilde. Diese globale Dimension ist begriffen. Die Forderung nach lokalem Umdenken ist geredet, aber nicht getan.

Der Studiengang „Europäische Urbanistik" wird sich also fragen lassen müssen, ob die Nachhaltigkeit nur im Munde geführt wird oder als Grundwert mit Handlungsverpflichtung begriffen wird.

Dann wird ein bestehendes Gebäude ökologisch wertvoller als ein neu gebautes. Die Altbauressource zu nutzen hat einen Vorsprung in der Energiebilanz und im Materialfluss.

Dann wird es zur Verpflichtung, Regenwasser an Ort und Stelle zu versickern und zu verzögern, auch wenn dies auf Kosten der Baudichte und der überbaubaren Fläche geht. Denn nur so werden sich im Laufe der Jahrzehnte die denaturierten Wasserkreisläufe in verstädterten Regionen wieder regenerieren.

Dann wird das „solare Bauen" mit dem Ziel, den Wärme- und Strombedarf CO_2-neutral zu gestalten, zum Maßstab.

Dann wird der Weg in die Kreislaufwirtschaft bei Siedlungsflächen und Gebäuden eingeschlagen werden müssen und es wird zu überlegen sein, was es bedeutet, wenn für neue Gebäude eine „Rücknahmeverpflichtung" schon bei der Baugenehmigung nachgewiesen und finanziell abgesichert werden soll.

2.2
Achtung der Geschichte
Zusammengerechnet haben Industrialisierung, Kriege und eine überschäumende Wirtschafts- und Wohlstandsentwicklung in der Nachkriegszeit zu einer grundlegenden Transformation von Landschaft und Stadt im Zeitraffer geführt, die dabei entstandenen Bau- und Siedlungsformen werden nach kurzer Lebenszeit selbst schon wieder Geschichte. Diese Dynamik provoziert als Gegenpol das Verharren, das sich Festhalten an Geschichte. Neu und ungewohnt dabei ist die Erfahrung, dass Dinge, die gerade erst entstanden sind, schon Zeugniswert für die Geschichte haben sollen: z. B. die Architektur der fünfziger Jahre oder Industrieanlagen aus der Zwischenkriegszeit.

Neues Bauen muss in dieser Situation auf dem Respekt vor der Geschichte gründen, im Zweifel immer erst einmal gegen Abriss und für Stehenlassen eintreten, denn gerade die jüngsten Bauepochen müssen die Chance haben, zeitgeschichtlich auszureifen.

Das gilt auch für ungeliebte Plattenbauten der Nachkriegszeit. Abschlachtprämien für leer stehende Wohnbauten und Wohnsiedlungen sind nur die banale Kehrseite der gedankenarmen, unter Zeitdruck gesetzten Massenherstellung, die nun in eine gewinnträchtige Beseitigungsschlacht gekehrt wird.

Genau an diesem Beispiel wird deutlich, wie eng der Grundwert der Nachhaltigkeit mit dem Grundwert der Geschichtlichkeit zusammengeht.

2.3
Identität
Nachhaltigkeit und Geschichtlichkeit sind zwei wesentliche Pfeiler, Identität nicht zu verlieren. Sie sind zugleich Grundlage, um Zukunft zu gewinnen. Zukunftsaufgaben mutig, risikobereit, aus eigener Kraft und mit eigenständigen Lösungen anzugehen, das ist die andere, ebenso wichtige Quelle für Selbstwertgefühl einzelner Menschen, von Städten und Regionen.

Baukultur ist aufgerufen, Identität zu bewahren und zukunftsbezogen zu begründen. Identität ist immer mit „sich zeigen", mit Selbstdarstellung verbunden. Dafür werden Bühnen und bauliche Symbole benötigt, Ausdrucksmittel, die ihre Zeichenkraft aus einer gesellschaftsbezogenen Bedeutsamkeit herleiten.

2.4
Regionalität
Die Siedlungsweise und die Wirtschaftsweise sind wie die sozialen Interaktionen heute längst regional, kommunale Grenzen unbesehen überspringend.

Die Organisationsprinzipien von Politik, von Verwaltung, aber auch von Kammern und Verbänden dagegen sind noch immer stark kommunal begrenzt, so dass auch die Diskussion über das Baugeschehen den „lokalen Kirchturm" im Blickfeld hat.

Diese „örtliche Begrenztheit" erzwingt Lösungen, die bei regionaler Betrachtung zwangloser mit Kultur ausgestaltet werden könnten. Bei rein lokalen Kalkülen werden Grundstücke und Standorte bebaut mit erheblichen Nachteilen, weil Alternativen in der Nachbarschaft oder in der Region ausgeschlossen werden. Es werden Baubedarfe und Flächenbedarfe für erforderlich gehalten, die bei einer regionalen Gesamtschau nicht gerechtfertig sind, zu einer „Überentwicklung" führen.

Dank gesetzlich verfasster Regionalplanung gibt es zwar flächendisponierende Regionalpläne oder Gebietsentwicklungspläne, die gemeinschaftlich aufgestellt und für eine Region verbindlich sind. Es gibt aber kein baukulturelles Bild einer Region, weder für die bestehende Kulturlandschaft noch für das neue Bauen.

Ohne das Prinzip der Regionalität können die Grundwerte der Nachhaltigkeit, der Geschichtlichkeit und der Identität nicht ausgefüllt werden.

2.5
Schönheit
Der Studiengang „Europäische Urbanistik" sollte nicht zögern, die „Schönheit" als eigenständigen Grundwert gleichberechtigt neben Wirtschaftlichkeit, Funktionalität und Sicherheit zu stellen.

Schönheit hat Eigenwert, nicht Beiwerk oder gar kostentreibende Beigabe. Jedes Bauwerk hat schön zu sein und die dafür notwendigen Aufwendungen sind so geboten wie die Anforderungen an Sicherheit und Nutzbarkeit. Also sind die Kosten nicht aufteilbar in unverzichtbare Standards und gestalterische „Mehrkosten".

Auch lässt sich über Schönheit nicht streiten, während technische Standards unstrittig objektiviert sind. Da und dort sind Normen gesetzt, die in erheblichem Maße Experten-gemacht erscheinen und sich befragen lassen, befragt werden müssen.

Der Verstoß gegen den Grundwert der Schönheit ist einer mit dem größten Langzeitschaden.

3
Es wäre nun interessant, die Fallstudien, die in das *Mühl Forum* eingegangen sind und in den letzten beiden Tagen präsentiert wurden, daraufhin zu befragen, inwieweit sie diesen Grundwerten gerecht werden.

Vor allem möchte ich aber Sie und die Teilnehmerinnen und Teilnehmer an diesem Studiengang fragen, ob Sie das Thema der Siedlungsstrukturen im suburbanen Raum und deren Transformation zu Ihren eigenen machen wollen und ich möchte Sie auch fragen, ob die gerade dargestellten Grundwerte solche sind, die Sie bewegen, so sehr, dass daraus für Sie ein Weg wird?

Denn so viel ist klar, es gibt genügend verlockende Wegweise zu anderen Schauplätzen des architektonischen Tuns, die schnelleren Erfolg, leichteres Tun und bessere Karrieren versprechen.

Nur wenn die Gemeinschaft der Studierenden, der Lehrenden und derjenigen Bau- und Planungsherren, die ihre Projekte in das *Mühl Forum* einbringen und den „harten Kern" der europäischen Urbanistik sich versammelt, wird aus diesem Studiengang ein Profil und ein Ruf nach innen und außen.

Der Ruf nach innen richtet sich in erster Linie an die Bauhaus-Universität. Noch habe ich nicht den Eindruck, dass das Programm dieses Studiengangs und die Arbeitsweise verstanden und von der Hochschule angenommen sind, obwohl darin unschwer eine moderne Interpretation des Bauhaus-Gedankens zu sehen ist. Und der Ruf nach draußen soll mehr sein als nur der: „Dort wird gute Arbeit gemacht und die Absolventen des Studiengangs haben im Wettbewerb um berufliche Positionen einen leichten Vorsprung". Das wäre nicht genug. Der Ruf sollte so kräftig sein, dass Planungs- und Bauherren ihre Projekte an die Bauhaus-Universität in Weimar tragen, um sie dort gemeinsam mit dem Studiengang zu bearbeiten. Das ist weit mehr, als nur das Nacharbeiten interessanter Fallstudien aus mehr oder weniger großer Nähe. Projektstudium in „teilnehmender Beobachtung" würde mir nicht ausreichen, um Praxis wirklich zu verändern.

Ich gebe zu, das ist für den Beginn ein zu hoher Anspruch. Trotzdem würde ich diesen als nicht allzu fernes hohes Ziel aufrechterhalten und aufbauen.

Damit komme ich zurück auf die Anfänge meiner Gespräche mit Wolfgang Christ mit der Idee, eine Bauhaus-Universität in der heutigen Zeit sollte eine wirkliche Werkstatt sein, in die sich Bauherren mit Baukultur und die besten Planer-/Architekturbüros zur Bearbeitung von außergewöhnlichen Projekten hinbewegen mit dem Kalkül, dass die Auseinandersetzungen mit dem dort herrschenden Geist (und das sind die Lehrenden und die Studierenden), ihre Gedanken und Entwürfe neue Richtungen bekommen oder zumindest eine Bereicherung erfahren.

Das wäre dann ein Studiengang, wo das alte Ideal der Gemeinschaft von Lehrenden und Lernenden und der engen Zusammenführung von Theorie und Praxis eine zeitgemäße Ausformung erhielten.

Ich formuliere im Konjunktiv, weil solche Visionen für den Studiengang „Europäische Urbanistik" schrittweise aufgebaut werden müssen.

Daher wünsche ich der nächsten Etappe bis zur nächsten Präsentation der Projekte einen kräftigen Schritt in diese Richtung, wünsche vor allen Dingen aber, dass die Universität die einmalige Chance erkennt, die mit diesem Studiengang für die Bauhaus-Universität gegeben ist.

Denn ohne Kontinuität und eine solide wissenschaftspolitische und finanzielle Unterstützung von öffentlicher Seite wird es nicht gehen. Allein auf das Mäzenatentum aufgeklärter Bauherren zu setzen, birgt Risiken der Instabilität und wäre dem Anspruch auch nicht angemessen.

Schlusswort

Prof. Dr. phil. habil.
Dieter Hassenpflug,
Bauhaus-Universität Weimar

Schlussworte sind wie Türen. Man kann sie schließen oder öffnen. Ich erlaube mir, letzteres zu tun, indem ich den Blick auf die Beziehung von Gesellschaft und Stadt freigebe. Denn dieser tagtäglich gelebte und dennoch so missverstandene, banale und gleichwohl so schwierige Zusammenhang wird die „Europäische Urbanistik" in Zukunft immer wieder zentral beschäftigen – in den Seminaren, Vorlesungen, Projekten, in den Master-Arbeiten und Dissertationen, auf den von ihr veranstalteten Foren und Kongressen. Auch auf den vielen *Mühl Foren*, die ich noch erleben möchte. Denn der Auftakt war, wie dieser Band dokumentiert, erfolgreich und lässt für die kommenden Jahre noch viel erhoffen.

Das Bekenntnis zur „Europäischen Urbanistik" enthält ein Bekenntnis zur Stadt: Zur Stadt als einem Ort, der eine Haltung, eine Lebensform, eine Denkweise und eine Auffassung über den Umgang mit sich selbst und anderen zum Ausdruck bringt. Stadt ist, so beispielsweise eine auf Georg Simmel zurückgehende soziologische Stadt-Definition, die Anwesenheit des Anderen, Fremden. Demnach wird Stadt immer dort sein, wo dem Anderen Raum gegeben wird und wo das Fremde akzeptiert, ja willkommen ist. Doch der Raum, wo solch weltoffene Zivilität gelebt wird, ist heute kein von Mauern umgebener oder sonstwie klar umgrenzter, kompakter Ort mehr. Er ist vielmehr suburban ausgefranst, peripherisiert, ländlich, invertiert: ein räumlich schwer entzifferbares Stadt/Land-Kontinuum. Heute, so ist zu vermuten, lassen eher die eingehegten, nicht selten mit Schlagbaum und Wachhäuschen gesicherten Gettos ökonomischer, sozialer, ethnischer oder kultureller Partialgruppen diese Tugenden – und mit ihnen das Städtische – verkümmern.

Eine andere, eng mit der Entstehung der frühindustriellen Gesellschaft verbundene und mit dem Begriff der Urbanität[1] sehr bekannt gewordene Stadt-Definition hebt die Intellektualität, Zivilität und den Individualismus des idealtypischen Stadtbewohners hervor. Demnach wird Stadt immer dort sein, wo sich der freie Geist mit weltläufiger Bildung und selbstverantwortlicher Individualität verbindet. Und dies kann heute im Prinzip überall sein, im Café auf der Fußgängerzone im Stadtzentrum, im Gewerbepark am Stadtrand oder in der suburbanen Wohnsiedlung, im central business district (CBD) einer global city oder im Heidedorf am Waldrand.

Gleichwohl ist zu fragen, ob die fragmentierten Stadtlandschaften von heute, von Verkehrstangenten zerschnittene Stadtränder, monotone Sozial- und Einfamilienhaus-Siedlungen, ob gegliederte Stadtmaschinen, agrarische Hochleistungslandschaften, inszenierte pseudorurale Idyllen oder theatralische Erlebniswelten geeignete Räume sind, um weltgewandten, gebildeten Individualismus zu stützen und zu fördern. Ist es nicht so, dass Intellektualität, Zivilität, Ich-Autonomie und andere urbane Tugenden besonderer, geeigneter – eben städtischer und öffentlicher – Räume zu ihrer Bewahrung und Kultivierung, Repräsentation und Symbolisierung bedürfen?

Bereits im 19. Jahrhundert[2] – paradoxerweise im Augenblick, da die ersten großen Metropolen der beginnenden Moderne emporwuchsen und sich zu Laboratorien moderner, urbaner Lebensformen entwickelten – setzte unter den funktionalistischen Auspizien von Beschleunigung, Effektivierung und Spezialisierung ein stadträumlicher Zerfalls- und Fragmentierungsprozess ein, der nach dem Ende

[1] Im 19. und beginnenden 20. Jahrhundert wurde „Urbanität" vorwiegend als Synonym von Höflichkeit bzw. Zuvorkommenheit, Sitte und Anstand verwendet (frz. „politesse"). Es ist kultursoziologisch bemerkenswert, dass das deutsche Pendant auf die höfische (Höflichkeit), das romanische hingegen auf die städtische Gesellschaft („polis") Bezug nimmt.

[2] in einigen Regionen Europas gewiss schon früher, Süd-England, Niederlande, Nordfrankreich...

des 2. Weltkrieges an Intensität gewann, bis heute ungebrochen
anhält und möglicherweise noch nicht einmal seinen Höhepunkt erreicht hat. Als Folge dieses urbanen Erosionsprozesses können wir
gegenwärtig eine weitestgehende Entkopplung von den sich dyna-
misch heterogenisierenden bzw. fragmentierenden Raumformen und
urbanen Lebensformen konstatieren. Wie aber ist es möglich, dass
„Urbanität als Lebensform" jenseits der „Stadt als Lebensraum" exi-
stenzfähig ist?

Nun, eine Antwort lautet, dass vieles von dem, was Urbanität
als Lebens- und Geisteshaltung ausmacht, zu Institutionen geronnen
ist, sich zu kulturellen Praktiken der modernen Gesellschaft verfestigt
hat. Die formalisierten Systeme des Rechts, der Politik, der Bildung,
der öffentlichen Verwaltung, des sozialen Friedens etc. enthalten
einen irreduziblen „urbanen" Kern, den sie aufbewahren und in die
Zukunft zu prolongieren vermögen. Vor dem Hintergrund der mit dieser Systembildung einhergehenden Entkopplung von Zivilkultur und
Stadt ist es nur allzu verständlich, dass deren Zusammenhang, so er
überhaupt wahrgenommen wurde, aus den Augen verloren ging und
allmählich fast vollständig in Vergessenheit geriet. Man konnte sich
tatsächlich einbilden, dass Stadtraum und Zivilkultur nichts mehr miteinander zu tun haben, allenfalls historische Beziehungen aufweisen.
Wo aber ein Zusammenhang konstatiert wurde, behandelte man die
Stadt meist wie einen Packesel der Kulturgeschichte, der seine Schul-
digkeit getan und bestenfalls das Gnadenbrot der Musealisierung verdient hat.

So konnte sich eine merkwürdig verengte Sichtweise entwickeln,
wonach der Stadtraum mit seinen funktionalen Besonderheiten, seiner Zentrumskompetenz und seinen ästhetischen Qualitäten als Halt
und Stütze von Urbanität vernachlässigt werden kann. Es entstand
die Vorstellung einer Zivilität ohne Stadt (ohne „civitas"), von einer
„neuen Zivilität", die nun einen Kanon von sozialen, politischen, ökonomischen, ökologischen Verhaltensmerkmalen und Sichtweisen
meint, der ganz ohne physische Stadt – als Lebens-, Emotions- und
Identifikationsraum – auszukommen scheint. Diese Zivilität wird demnach als Produkt einer ortlosen Vernunft bzw. einer ortsüberhobenen
kulturellen Erfahrung bestimmt. Der Stadtraum als kultureller Gestal-
tungsfaktor und als Medium bürgerschaftlicher Zivilität wird hier
nicht mehr mitgedacht. Es kann vor diesem Hintergrund kaum ver-
wundern, dass auch Stadtplanung und Städtebau des 20. Jahrhunderts
den Kontakt mit den soziokulturellen Implikationen von Stadt verloren und zur Bewahrung und Entwicklung von Zivilkultur nurmehr
wenig bis gar nichts beizutragen vermochten – am wenigsten gerade
dort, wo vorgeblich „soziale Stadt" gebaut werden sollte, faktisch
jedoch monostrukturierte, fordistische Wohnmaschinen geschaffen
wurden, die ein fragwürdiges Menschenbild offenbaren. Es liegt auf
der Hand: Wird Zivilgesellschaft ohne Stadt gedacht, wird Stadt ohne
Zivilgesellschaft gemacht.

Während Stadtraum und Gesellschaft also auseinander drifteten
und sich ihr Zusammenhang allmählich verrätselte, entwickelte sich
„Stadt" zum multiplen Gegenstand der ausschnitthaften Sicht- und
Handlungsweisen ausdifferenzierter Fächer und Disziplinen. Im kon-
struktivistischen Blick politologischer, soziologischer, städtebaulicher,
raumplanerischer und geografischer Spezialisierung geriet Stadt entweder zum politisch-administrativen System einer Gebietskörperschaft

oder zu einem von Segregation, Integration, Schichtung etc. geprägten Soziosystem oder zu einem Gegenstand städtebaulicher Verräumlichung oder zum Objekt raumordnerischer Effektivierung oder auch zum Feld geo-, sozio- oder ethnografischer Deskription und Theoriebildung. Doch die integrierende Sicht auf das Ganze dessen, was Stadt ausmacht, ging darüber verloren. Paradox genug: Je mehr disziplinäres Detailwissen über die Stadt angehäuft wurde, desto weniger wusste man über die Stadt als integriertes Kulturphänomen; und umso leichter konnte in Vergessenheit geraten, dass Zivilkultur einen urbanen Kern besitzt, der an räumliche Bedingungen gebunden und auf diese angewiesen bleibt.

Unter dem Druck kontraproduktiver Folgen überzogener räumlicher Spezialisierung, Beschleunigung und Effektivierung bahnt sich im Übergang vom 20. zum 21. Jahrhundert allerdings eine Trendwende an: Die Stadt wird als Bedingungsraum integrierender kultureller Praktiken wieder entdeckt. Eine große Debatte um das Bild der zukünftigen Stadt, um ihre Funktionen und Leistungen, Anmutungen und Atmosphären hat eingesetzt. Kaum ist die „integrale Stadt" im Ozean des Stadt/Land-Kontinuums und neuartiger virtueller Räume ertrunken, da wird sie schon vermisst. Vermisst als physischer Raum mit ästhetischen Qualitäten und sinnlichen Bindungsfähigkeiten, die andere Räume, zumal die spezialisierten und verinselten Räume der gegenwärtigen Hochleistungslandschaften, einfach nicht zu bieten haben.

So kehrt die Stadt zurück. Interessant ist nun, dass die globalisierte Kulturindustrie, ausgestattet mit einer schier grenzenlosen ökonomischen und technologischen Medienmacht, bei dieser Rückkehr eine bemerkenswerte Rolle spielt. Diese Branche lebt ja vom „Dreamscaping". Sie erkennt darum wie selbstverständlich den gewaltigen Bedarf an Ästhetisierungen, den die hoch spezialisierte Arbeits- und Industriegesellschaft generiert. Und sie weiß diesen Bedarf aufzunehmen und einem von ihr kreierten Markt für Erlebnisware zuzuführen. Auf der permanenten Suche nach Texten und Bildern, Erzählungen und Mythen, Sensation und Atmosphären ist sie natürlich auch auf „die Stadt" gestoßen. Deren emotionales Bindungspotenzial, deren Erlebnisqualitäten hat sie sofort erkannt. Seither ist die theatralische, kulissenhafte Fiktionalisierung des Städtischen aus dem Repertoire der „Imagineers" (den Architekten in der Kulturindustrie) nicht mehr wegzudenken.

Obschon die Erlebnisindustrie auf bloß konsumistische Ästhetisierungen orientiert ist, kann sie dem Diskurs über die Stadt dennoch neue und kraftvolle Impulse liefern. Vermittels der Praxis des Citytainment, also der theatralischen Inszenierung städtischer Atmosphären – von Disneyworld bis zur kultivierteren Form des CentrO – konnte sie sich zu einem wichtigen Medium der aktuellen Nachdenklichkeit über die Stadt entwickeln. Und diese Nachdenklichkeit scheint nunmehr in ein neues Verständnis des inneren Zusammenhangs von Stadt und Zivilgesellschaft einzumünden. Die Imagineers erscheinen so gesehen als – unfreiwillige – Hebammen eines neuen urbanistischen Diskurses. Dieser stiftet und erneuert in mancherlei Hinsicht die Einsicht, dass die offene, zivile Gesellschaft auf Dauer ohne die Stütze des (ihr gemäßen) Raums nicht auskommt. Es gibt keine ortsenthobene Zivilität. Die Bühnen, auf denen die Gesellschaft sich selbst als Zivilgesellschaft aufführt, sind nicht beliebig.

Die Geschichte, so beginnen wir Skeptiker der Geschichtsphilosophie des 19. Jahrhunderts zu begreifen, geht nicht über die Stadt hinweg, diese wie einen leeren Kokon hinter sich lassend. Stadt ist vielmehr der weder hintergehbare noch überschreitbare Raum ziviler Vergesellschaftung; sie ist die „perennierende räumliche Gegenwart" jenes Ensembles von Haltungen und Institutionalisierungen, die das Leben der Menschen z. B. dadurch steigern, dass sie ihm freien Geist und Toleranz, intellektuelle Aufgeschlossenheit und selbstbewusste Individualität beigeben und bewahren helfen. Der Stadtraum ist der Spiegel dieser Tugenden – oder er ist kein Stadtraum.

Aus alledem ergibt sich, dass die Stadt eine permanente Herausforderung und dauerhafte Aufgabe bleibt. Sie ist so wenig verbürgt, wie die Haltungen und Lebensstile, die sie räumlich stützt und repräsentiert. Die Stadt muss man wollen. Sie ist unserer Verantwortung anheim gestellt.

Hier nun setzt die „Europäische Urbanistik" an, indem sie die umfassende, integrierende Sicht auf – und die Annäherung an – die Stadt als einer „sozialräumlichen Plastik" reklamiert und damit zugleich den Anspruch auf „Polis" erneuert. Ohne auf die Vorzüge und Leistungen der erreichten Spezialisierung der fachspezifischen urbanistischen Sichtweisen verzichten zu wollen, zielt die „Europäische Urbanistik" auf zweierlei: Zum einen auf die Zusammenführung, Erweiterung und Vertiefung der disziplinären Sichtweisen, mithin auf Inter- und Transdisziplinarität, zum anderen auf die – oft schwierige, spannungsgeladene – akademische Begegnung von Reflexion und Gestaltung, von wissenschaftlich-theoretischen und städtebaulich-praktischen Lehr- und Lernkulturen. Das „Haus der Europäischen Urbanistik" soll dieser Begegnung der Kulturen Raum geben und sich damit, im Zeichen von Stadt und Urbanität, zu einem attraktiven Ort des fachlichen Austausches und der Forschung, des Lernens und der Begegnung, des kreativen Gestaltens und der intellektuellen Durchdringung entwickeln.

Unter den Komponenten der „Europäischen Urbanistik", die diesen hohen Anspruch transportieren müssen, nimmt das *Mühl Forum Europäische Urbanistik* und die mit ihm verbundenen „Europäischen Modellprojekte" einen besonderen Platz ein. Wie in keinem anderen Modul des postgradualen Studiengangs „Europäische Urbanistik" steht das Forum für den Anspruch, Hochschulbildung und Praxis nicht nur akademisch simulierend, sondern realitätsgerecht miteinander zu verzahnen – ohne auf den Anspruch reflexiver Durchdringung zu verzichten. Indem das *Mühl Forum* Studierende und Projektleiter/innen („young professionals" und „professionals"), Wissenschaftler und Gestalter, Akademiker und Praktiker, Hochschulöffentlichkeit und „Europäische Urbanisten", Universität und Wirtschaft, Deutsche und Ausländer im Haus der Europäischen Urbanistik an der Bauhaus-Universität Weimar zu einem zukunftsorientierten Dialog zusammenbringt, enthält das Forum selbst einen „urbanen" Kern. Hier wird eben nicht nur über Urbanität geredet und gestritten, sondern Urbanität wird auf zeitgemäße Weise umgesetzt. Und das ist ein Beitrag zur Glaubwürdigkeit dieses spannenden Unternehmens, das wir „Europäische Urbanistik" nennen.